Edith Darnhofer-Demár

First Land

Hommage an Kärnten, weiblich

DRAVA VERLAG
Klagenfurt/Celovec

Satz und Druck: Druckerei Drava
Klagenfurt/Celovec

ISBN 3-85435-249-2

Für den Mann, mit dem ich die Namen tausche:
Gerhard Drekonja
Für den Mann, dessen Vaters Name ich lange trug:
Heli Zechner
Für den Mann, mit dessen Namen ich geboren wurde:
Egon Darnhofer-Demár

Zugestimmt habe ich. (So viel zur Kärntner Erzählform.) Ja, sagte ich zur Wiener Kollegin, darüber – eine Autorin in Kärnten – gerne! Und was das bedeute. Es bedeutet wenig. Wenn es bedeutet, dann Gschichterln und Geschichte. Vor allem: gemachte Geschichten. Natürlich hatte ich gleich ein paar parat. Schließlich lebe ich von Wörtern am Wörthersee. Seit jeher. Zumindest die Worte seit jeher. Ich seit meiner Empfängnis an einem lichten Waldrand Kärntens (war es ein rotes Mieder, das verrückte? lösten sich Zöpfe? umschlang mich ein schwarzes Haar bei diesem kriegsbedingt außerordentlichen ehelichen Verkehr?). Wenige Wörter, aber gewiß genügend schon in der Schwangerschaft der germanistischen Mutter, und dann erst recht seit meiner Geburt am Fuße des Plöckenpaßmassivs.

Heil Hitler!

Mag der Österreicher Schicklgruber in seinem Kunstkrampf die Welt an den Rand des Abgrundes getrieben haben, sein Schlachtfeld teilt mir beide idyllischen Orte zu.

Ich sagte zu*. Bin ich auch anderswo, auswärts, oben drüber, inwendig, unten durch

---

* Angeregt wurde das Projekt vom Wiener Frauenverlag für den Band »Schriftstellerinnen sehen ihr Land – Österreich aus dem Blick seiner Autorinnen« (Wien 1995), in dem eine Kurzfassung dieses Textes zu finden ist.

oder sonstwo: Auswendig ist es klar, auch ich bin Kärnten. Wie ich der schwarze Würfel aus Polareis bin und das blaue Atomfeuer in Bombay, das ihn löscht. Wie ich der Rosenkranz bin, der durch die Finger von Juana de Asbaje in Mexiko gleitet, und das frauengehütete Buch in der Bibliothek von Alexandria. Ich bin auch diejenige, die versteht, was die männliche Lokalgröße Reinhard E. aus Klagenfurt meint, wenn sie im Landtmann in Wien dem Ober eine »Tetschn« anträgt. Und ich bin die Nackte im Selbstporträt des Herbert B. an einem Kärntner See. Aber Herbert B. bin ich nicht.

Sie besucht im Wiener Rathaus die Vorlesung des Mittelalter-Historikers Herwig W. über die Wurzeln Österreichischer Staatswerdung. Sie stellt Fragen zu einem weit älteren Gebilde, zu Karantanien. 1994 ist der Staub, durch den sie sich dreißig Jahre zuvor an der Wiener Universität zu diesem Thema hat wühlen müssen, verflogen. Jetzt ist die Rede von alten, sich ändernden, langsam konsolidierenden Räumen. Das Netz der starren Grenzen – von unserer heutigen Vorstellung über Grenzen ausgehend –, das jeden historischen Atlas zunächst nutzlos macht, löst sich auf. Jemand aus dem Publikum fragt sie neugierig, aber auch irritiert, was sie denn bloß mit Kärnten habe?

Ich habe, so hat es mir die Landeshymne eingeweist, einen besonderen Saft aus Mut und Treue in den Adern:

Wo Mannesmut und Frauentreu
die Heimat sich erstritt aufs neu,
wo man mit Blut die Grenze schrieb
und frei in Not und Tod verblieb,
hell jubelnd klingt's zur Bergeswand:
das ist mein herrlich Heimatland!

Nein, so, wie es der jetzt – aus gegebenem Anlaß – wiedergelesene Text zeigt, hatte ich das nicht im Kopf. Da steht nicht Mut und Treue, da steht Mannesmut und Frauentreu. Meiner Seel, mit diesen beiden Gewächsen habe ich nichts zu schaffen. Wer kam bloß auf die Idee, die beiden alten selbstregenerierenden Worte auf einen Penisschutz und einen Büstenhalter einzuschnüren? Sieh da, der Kranich ist eine Frau, Maria mit dem Echtkärntner Namen Millonig (deutsche Schreibweise!), die diese Strophe – wohl auch aus gegebenem Anlaß: eine Quelle nennt das Jahr 1928, also zehn Jahre nach dem Beginn des Abwehrkampfes, eine andere 1930, also die Zehn-Jahre-Feier der Volksabstimmung, – geschrieben hat.

Wurde mit dem Text der Lehrerin die vierte, habsburgtreue Strophe des Heimatliedes ersetzt, so bot der nächste Anlaß Gelegenheit für eine fünfte Strophe. Sie wurde

1938, ebenfalls in einem Preisausschreiben, gekürt:

O Kärntner Heimat, treues Land,
Du Kind, das heim zur Mutter fand:
die Fessel sprang – das Eis zerrann,
der deutsche Frühling brach dir an!
»Ein Volk, ein Reich, ein Führer!« schallt
das deutsche Glück durch Berg und Wald.

Diese Zeilen – von mir aus gegebenem Anlaß zum ersten Male gelesen – erschallen verbindlich noch einige Male über meine Geburt hinaus. Bei meiner Einschulung sind sie in der Landeshymne, zweitrepublikhalber dem »deutschen Glück« entzogen, wieder getilgt.

Wie sieht es mit den drei anderen Strophen des Kärntner Heimatliedes, aus dem vorigen Jahrhundert, aus Männerhand, aus?

Dort wo Tirol an Salzburg grenzt,
des Glockners Eisgefilde glänzt,
wo aus dem Kranz, der es umschließt,
der Leiter reine Quelle fließt,
laut tosend längs der Berge Rand
beginnt mein teures Heimatland.

Wo durch der Matten herrlich Grün,
des Draustroms rasche Fluten ziehn,
vom Eisenhut, wo schneebedeckt
sich Nordgaus Alpenkette streckt,
bis zur Kar'wanken Felsenwand
dehnt sich mein freundlich Heimatland.

Wo von der Alpenluft umweht,
Pomonens schönster Tempel steht,
wo sich durch Ufer reich umblüht
der Lavant Welle rauschend zieht,
im grünen Kleid ein Silberband,
schließt sich mein lieblich Heimatland.

Ausgehend vom Ausgangspunkt heute, muß gesagt werden: Diese Strophen halten meine Erinnerung, aber nicht die letzten Jahrzehnte aus. Aus ist es. Über »der Matten herrlich Grün« trampeln Verhüttelung, Autobahnen und Fremdenverkehr; des »Glockners Eisgefilde«, von »Alpenluft umweht«, ergeben Anstellen zum Gipfelsturm, *im Gästebuch die Namen der Beschauer*; der »Lavant Welle« beginnt gerade erst der Zellstoffproduktion die alte landeshymnische Frische wegzustehlen. (Soviel zum Wildern, das auch in den wortdichten Wäldern Kärntens Tradition hat: Zitate aus dem Werk von Ingeborg Bachmann sind *kursiv* ausgewiesen; gejagte Wörter, umgestellte Wortgruppen und Anspielungen, auch auf andere Autoren, bleiben meist unterwalds.)

Kaprun

Im Lärmen nützlicher Motoren
Wird Kuhgeläut zur Dissonanz
In dieselsatter Flimmerluft
Riechts wild, als wärs das Heu
– Erinnerung an scharfen Dengelklang –
Nachts taumeln Fledermäuse um den Turm
Geblendet von der Kirche Lichterkegel

Der Spiegelsee, er liegt erschöpft
Beengt vom Kleid des Kraftverbundes
Was einmal Garten war, heißt
Garten nur noch den Metallen
Der Vögel Flucht verweht sie übers Horn
Den Flugmaschinen zu, die dröhnend decken

Die Last der Gletscher war so leicht
Wie Daunen schützten sie das Urgestein
Und schliffen Unbelebtes aus zu frischem Land
Hell warfen sie den Blick zurück ins All
Das Bersten Krachen Quellen als ein Jubelschrei
Der talwärts neues Grünen nährte

Doch heute sind es Spur'n des Tods
Wie Pfeile in Sankt Bastian
Stehn Stützen Träger Rohre Wand
Und Menschentritte mahlen das Gebirge
Der Gletscher Glanz verbrannt zu Städtegrau
Das an den letzten Flechten schlürft

Die Aufzählung der Wasser, lauter fließende (der Leiter reine Quelle: ich war nicht da, kürzlich, ist sie noch rein?; der Draustrom: längst von Stromseen eingebremst, die Villacher Schleife und die Teufelsschwellen unter der Hollenburg – das Flirren des Gerölls am lichten Grund – technisch perfekt bereinigt; die Lavant: hatten wir schon), ist wie die Millonigsche Blutstrophe ein Dokument Kärntner Geschichtsbewußtseins. Solcherart wassergespeiste Tallandschaften mit den umliegenden Quellgebirgen, wissen sich gewichtige Historiker (nicht nur, auch Erich N. schreibt in »Geistiges Kärnten – Literatur- und Geistesgeschichte des Landes«: »Es ist die Stimme einer Landschaft, der durch ihre Grenzlage besondere Bedeutung in europäischer Hinsicht zukommt. Kärnten ist überdies ein geschlossener Raum ...«) einig, stellen eine der geschlossensten Einheiten Mitteleuropas dar. Dabei vergessen sie, daß der Draustrom heute anderswo als in Kärnten entspringt. Etwas aber vergessen sie nicht: Die paar letzten tausend Jahre, so lassen sie es »längs der Berge Rand« anklingen, hätten ausschließlich auf dieses heutige Restkärnten hingearbeitet, eben auf diese geschlossene Einheit.

Ich nenne das die Teleologie der mit Blut geschriebenen Grenze, die Eschatologie all dessen, was an Kärnten nichtdeutsch ist.

Aus den ersten drei Strophen des Heimatliedes, 1817 von Thaurer von G. geschrieben, schließe ich obendrein, daß der Ritter ein Nichtschwimmer war. Keine Schande, damals, auch hier nicht, wo heute jeder Frosch das Schwimmen im See und das Sterben auf der Straße lernt. Die stehenden Wasser sind Thaurer von G. nicht geschichtsträchtig genug. Sie fallen zwischen Glockner und Lavant durch. Nicht einmal der See meiner Kindheit ist genannt, wiewohl 1817 bereits sommerbefrischt. Es gibt ihn noch, den See, auch wenn unter den Badeleibern schwer auszumachen. Aber im Herbst räumt der Wind in den verlassenen Campingplätzen auf. Es gibt ihn noch, wenn sich auch zufriedene Algenbündel im Winter für die Sommernahrung bedanken. Er ist geschichtenträchtig, wenn Ingeborg Bachmann in »Drei Wege zum See« ihn nicht erreicht. Die Wege sind von der Autobahn abgeschnitten.

Hab ich ihn erfunden, den See, aus dem mich der Vater als wassernärrisches Kleinkind rettete, aus dem die Welle aufsprang, die meine Wiege schwang? Es gibt den Wörthersee nicht. Auch nicht in der Landeshymne. Es gibt ihn nur in meiner Erinnerung. Die Frage der Existenz des Sees ist ein Grenzfall. Auch wenn er der Fall ist. Zugegen ist er *in der schönen Sprache, im reinen Sein.*

Eine Autorin ist nicht der Fall. Sie ist ein Fall. Wie Kärnten ein Grenzfall. Besonders, wenn sie eine Kärntnerin ist.

Ingeborg Teuffenbach ist der Kärntner Grenzfall an sich. Ihre Begabung entzündete sich wie der Zufall meiner Empfängnis und meiner Geburt am »Führer«. Ihr mädchenhafter Fall für einen gefährlich verunfallten Künstler war typisch und vorübergehend, wird ihr aber heute – dank veröffentlichter einschlägiger Gedichte – immer wieder vorgehalten. Da haben es die anderen Kärntner ihrer Generation, die in der Mehrzahl ihren Sündenfall nicht schriftlich haben dingfest machen lassen, schon leichter. Die Texte nachträglich umgeschrieben, wie der Kärntner Landesdichter Josef Friedrich P., hat Ingeborg Teuffenbach nicht.

Ein Fall reinen Seins in der Sprache war Christine Lavant. Daß man eher heimlich von ihrer unheimlichen poetischen Kraft sprach und ihr besonderes Dasein in Ruhe ließ, ist die unerwartete andere Geschichte im Lande. Otto S., im Gegensatz zu Ingeborg Teuffenbach nicht bekehrt und als Seelendoktor und Gerichtspsychiater wenig zimperlich, heilte ihr depressives Genie nicht. Er stand ihr als Freund bei. Christine Lavant ist der Ausnahmefall. Und sei es nur, weil man sie als »Heimatdichterin« mißverstanden hat.

Grenzfälle sind die Autorinnen in Kärnten, aber auch in Tirol, in Vorarlberg, in Salzburg, in Ober- und Niederösterreich, im Burgenland und in der Steiermark. Allein in Wien sind sie lediglich ein Fall. Soldaten fallen an der Kärntner Grenze. Sie schreiben mit ihrem Blut: »frei im Tod«. Endlich. Worte fallen.

Nicht für das Kärntner Heimatlied, sondern für Ingeborg Bachmann sind die Seen der Fall. Ein existenzieller und utopischer, ein Erinnerungsfall, der in »Von einem

Land, einem Fluß und den Seen« glänzend berührt.

Wer weiß, was sie auf Grat und Gipfel suchten?
Ein Wort? Wir haben's gut im Mund verwahrt;
es spricht sich schöner aus in beiden Sprachen
und wird, wenn wir verstummen, noch gepaart.

Wenn eine Autorin ein Fall ist – und überhaupt, wie jeder weiß –, wird kein Wort im Mund verwahrt. Nichts gelernt. Nichts verloren. Nichts gewonnen. Alles gleich ausgespuckt: »Nestbeschmutzer« – das »-in« war damals noch nicht in – jammerten viele, welche die jüngere Geschichte des Landes in »Jugend in einer österreichischen Stadt« nicht wiedererkennen wollten; »larmoyant«, »hysterisch« und anderes mehr plärrten die wenigen, die auf die Nazijahre hierzulande hinwiesen, aber die Sprengkraft der unmodischen Bachmannschen Prosa nicht erlasen. »Unter Mördern und Irren« konnte getrost ignoriert werden, die waren ja weit weg von Kärnten. Nämlich dort, wo erzählungshalber Wien auftritt, mit burgenländischem und Gumpoldskirchner Wein, ignoriert, was die Vorrede von den Wirtshäusern auf den Dörfern und den Hinterzimmern der großen Restaurants in den großen Städten sagt, zu jenen Orten, an denen knapp vierzig Jahre später das bekennende Begleitgeblase zum Ende der österreichischen Bequemlichkeit – briefbombeninszeniert – vorbereitet wird.

Doch etwas gewonnen: Ein langsamer Feuertod in Rom. (Seither rauchen Dichterinnen im Bett, um den angemessenen Tod einzuladen. Sie wissen, was 1995 wieder einmal ins Bild gesetzt wird, diesmal von Käthe Kratz: Das Leben – ein Dichterinnenleben – und der Tod – ein Dichterinnentod – müssen »Im Zeichen der Liebe« stehen. Und das Haar wallend, bitte, mit Blumensternen besteckt. Schließlich war Sissy auch eine unglückliche Verseschmiedin.)

Die Schande nicht im Mund verwahrt, nicht ans Herz genommen, sondern rasch hinuntergewürgt. Ohne sich zu verschlucken, erfolgte die hiesige Besetzung – städtisches Ehrengrab in Klagenfurt-Annabichl inbegriffen – und Glorifizierung der berühmten Dichterin. Noch ein Aufheulen, als Uwe J. seinen ritsch-ratsch-scharfen, auch in jedem Fehler richtig in den Lokalkolorit greifenden Klagenfurt-Essay vorlegt. Die Brandschienen zum Erfolg sind gelegt. Zwar fand Humbert F., die Gedichte des Rainer Maria R. seien weit besser als die der Bachmann. Was soll's? Mit dem Intendanten des ORF-Studio Kärnten, Ernst W., hob der bei seinen Hörern vielgeliebte Humbert F. den Bachmann-Preis vom Totenbett der hier wenig geliebten Dichterin.

Klagenfurt federt sich zur Literaturstadt des deutschsprachigen Raums. Wie stolz sind wir, wenn sich einer für die Kunst die Stirne schlitzt! Wie vor einem Krimi sitzen wir, wenn Marcel R.-R. die Kanonen auffährt, und wir fallen beglückt unter seinen Wörtern (wie traurig sind wir, als er das Spektakel verläßt)! Wie ungeduldig sind wir, wenn Hilde Spiel den Nervenkitzel mit Sorgfalt um Text und Autor unterbricht!

Ach was! Wen interessieren schon heimische Autoren. Wir sind nicht kleinkariert. Hier geschieht, was literarisch der Fall ist. Hier sind die Literaturgelder der hiesigen Kulturbudgets gut gebunden. Es gibt ja auch andere, belanglosere, Preise. Bei denen sieht man, was die Kärntner Autoren taugen. Zum Beispiel beim Hörspielpreis 1988 der Gruppe 508, der aus Mangel an hiesiger Schöpferkraft ohne das übliche Alters- und Landesgrenzenlimit ausgeschrieben worden ist. Gute einheimische Autoren sind Mangelware. Das sagte der Literatur- und also Hörspielmann des Landesstudios, Fred. D., in seiner Ansprache zur Preisverleihung. Es habe, so unser Landesfachmann, leider keine Kärntner unter den Preisträgern gegeben, obwohl, räumte er sicherheitshalber ein, beachtliche Nachwuchsarbeiten eingereicht worden seien. Fred D.s Diagnose: Nach den großen Kärntnern Peter H., Peter T. und Gert J. sei ein »Wellental« zu verzeichnen.

Drei Kärntner Dichter verseuchen mit ihren Zellstoffprodukten die Kreativitätsquellen im Lande. Zwei von ihnen, Peter H. und Gert J., sind in »Kärnten im Wort« (Klagenfurt, Verlag Johannes Heyn 1971) genannt. Der kleine Band behandelt unter 56 Autoren immerhin 13 Autorinnen (1956, im gewichtigeren »Geistiges Kärnten«, Klagenfurt, Verlag Ferdinand Kleinmayr, ebenfalls von Erich N. erarbeitet, sind es anteilsmäßig weit weniger). Über Autorinnen fällt im TV-Bericht zur Ansprache von Fred D. sowieso kein Wort. Aber wo sind, wenn sie nicht gestorben sind, in den 17 Jahren zwischen »Kärnten im Wort« und der Preisverleihung all die Autoren hinverschwunden?

Herausgegeben wurde »Kärnten im Wort« von der Josef-Friedrich-P.-Gesellschaft, die sogar eine harsche, allen Fachkriterien entsprechende Zurechtrückung des Landesdichters – dessen Andenkens wegen sie gegründet worden ist – aushält (und seit eben jener Gründung im Andenken an das Dichten-an-sich Lesungen auch anderer einheimischer Autoren bietet). Die andere unerwartete Kärnten-Geschichte hat mit diesem Namensgeber, J. F. P., zu tun: Klaus A., der den Blick auf den Landesdichter nicht nur zurechtgerückt, sondern auch geschärft und geweitet hat, von seinem Verständnis für Wörter-Werke nicht abläßt und für die fachgerechte Aufarbeitung des Nachlasses von Christine Lavant sorgt, nimmt sich an der jungen Klagenfurter Universität auch anderer mit Kärnten verbundener Autoren und Autorinnen an. Was immer anderswo – im Kärntner Bewußtsein ist die neue Uni vorerst eher nur eine Kuriosität – über die Klagenfurter Universität zu recht und zu unrecht hinsichtlich der Qualität gespöttelt wird, Klaus A. macht hinsichtlich kritischer wissenschaftlicher Standards keine Abstriche, auch nicht, wenn er seine Diplomanden oder Dissertanten ansetzt. Klaus A. ist einer von jenen, die dafür sorgen, daß zumindest kleine Wellen, aus der Alma Mater Minimunda schlagend, die hiesige touristische Watte kräuseln. (Und an der Uni arbeiten jetzt auch andere als die Landeshistoriker, von denen ich spreche.)

Wo stecken die Autorinnen, die in diesen 17 Jahren zu schreiben begannen? Etwa die zweisprachigsprachgewaltige Maja Haderlap: Sie ist Dramaturgin am Stadttheater Klagenfurt. Etwa Gudrun Maria Leeb: Das Schreiben scheint ihr neben der Brotarbeit beim ORF wenig wichtig. Etwa Jožica Čertov? Etwa Gabriele Demeter: Sie hat trotz eines Literaturpreises die Feder aus der Hand gelegt. Etwa Chris Janach: Sie schreibt, sie ist, nicht zuletzt von H. C. A., preisgekrönt, sie hat ein Kind, sie hat kein regelmäßiges Auskommen.

Es ist für Fred D. 1988 ein Leichtes, das vom Bachmann-Wettlesen verdeckte und alltäglich wenig geförderte Kärntner Literaturpotential zu bestreiten und ein Wellental herbeizureden, wenn man hierzulande nirgends nachschlagen kann, wer wer ist und was beim Schreiben treibt: Seit 1971 ist nichts mehr erschienen, was einem Blick über die Kärntner Gegenwartsliteratur ähnelte. 1993 allerdings ist das Potential, auch ohne Nachschlagwerk, nicht mehr wegsprechbar.

Sie reicht für den Preis der Kärntner Arbeiterkammer – in der Jury sitzen auch Fred D. und Klaus A. – eine Erzählung über einen Tag im Leben einer Klagenfurter Hausbesorgerin (sie hat diese Tätigkeit selber ausgeübt) ein. Die Postsendung kommt so postwendend zurück, daß sie meint, niemand könne den Text gelesen haben. Die Suppe ist ihr versalzen. Wer hat die gegen die Ausschreibung verstoßende Vorauswahl getroffen? Wer hat die in der Ausschreibung zugesicherte Anonymität des Pseudonyms verletzt? Rhetorische Fragen, müßige Fragen. Sie findet ihren Namen, nicht ihr Pseudonym, in der Kärntner Literaturzeitschrift »Die Brükke«, die nicht nur die gekürten Texte, sondern auch eine Liste der Einreicher veröffentlicht. Es sind mehr als 380 Namen aus dem deutschen Sprachraum, darunter etwa 30 Kärntner Autorinnen und Autoren, neben bekannten auch andere, neue Frauen- und Männernamen, so viele, daß die Jury wochenlang beim qualifizierten Lesen hätte sitzen müssen. Ernst G., der die Zeitschrift macht, zitiert Marcel R.-R.: Zwei Löffel genügten, um festzustellen, ob eine Suppe angebrannt sei.

Für H. C. A.

Wolfsfrei geboren
in den Wipfeln der Sonne
von Kuckuck und Pfau

Fünf mal zwölf und fünf Jahre
die Nachtschattengewächse
mit Mondlicht getränkt
der Bienenkönigin
die Morgendämmerung abgelauscht
dem Urgestein
die Goldadern ausgesogen

Nach fünf mal zwölf
und fünf Jahren
eine Feierstunde
in der Fernsehrunde:
Wilder Mann
mit stirrem Klang
gewürgt
Stolzer Faun
in worrem Traum

verölt
Märchenpan
von Lärchenschmarrn
bekläfft

Aber Wolfsfrei lacht
schärft die Augen und Klauen
zum Fluge davon

Peter H., Peter T. und Gert J., 1988 als Wellentalverursacher genannt, standen naturgemäß nicht auf der Liste. Sie reichen nicht mehr ein, sie werden für Preise vorgeschlagen. Drei Dichter als Nachwuchsflußverseucher. Das ganze, der Ausfluß, ist eine Sache unter Männern. Es beleidigt mich, so eine Banalität auszusprechen. Lieber überlasse ich die Verkürzung dessen, was der Fall ist, dem im weisen Alter stehenden H. C. A.: »Wer dichten kann, ist Dichtersmann.« Überliefert wird diese Sentenz vom Literaturspezialisten Ulrich W., auch er ein schreibfeiner Gast beim Bachmann-Preis, von der »Schule der Dichtung« in Wien, 1994. In Klagenfurt und Villach wird mündlich die Nähe H. C. A.s zu Kärnten überliefert. Wehmütig erinnern sich Augenzeugen und Zaungäste an faustische wie fäustische Wirtshaus-Debatten, an denen nicht nur H. C. A., sondern auch Humbert F., Michael G. und andere, inzwischen legendäre Schreiber und Maler, beteiligt gewesen sein sollen.

Nicht nur ein Feuertod hat seine Meriten, auch das Überleben, wenn es nur lange genug durchgehalten wird: Österreich feiert einen runden Geburtstag des H. C. A. Und seine Kärntner Freunde feiern zaunzeugig mit ihm.

> Sie findet das Geburtstagsständchen für H. C. A. im Fernsehen weit ab der Strahlkraft der skurril kollernden Gedichte des Poeten. Sie gibt einem Künstlerfreund ein eigenes Geburtstagsständchen für den immer wieder von ihr genießerisch konsumierten Dichtersmann mit. Mit respektvollen Grüßen. Es war ein großes Fest, das spricht sich rasch herum. Ob ihr Gedicht den Adressaten erreicht hat, hört sie nicht. Auch vom Kunstmann nicht, der es gerne mit nach Villach genommen hat.

Humbert F. überlebte für solche Ehrungen nicht lange genug. Und auch sein Tod – kein Feuertod, ein Journalistenstreßtod – war unzeitig und unspektakulär. Aber er hatte ja auch weniger zum Dichtersmann als zum Mann-an-sich zu sagen. Michael G., 1971 im Gegensatz zu Humbert F. in »Kärnten im Wort« genannt, ist, wiewohl mir seine Anwesenheit nicht belegt ist, aber das gilt ja für die Verwebung aller Genannten, ein echter Kärntner in der gschichtenumwobenen Partie. Eine Tafelrunde – das fällt mich in Key West und Havanna, nicht am Isonzo, an –, die man auch als bewegliche Dichtersmann-Pflegestätte im Geiste des Ernest H. sehen kann. Einige Abtöne davon mögen noch anklingen, wenn sich Peter H. mit Kollegen, selten genug, in den hiesigen Wirtshäusern heimatlich umtut. Michael G. darf, topfit und weißmähnig, die Würdigung durch Klaus A. an der Klagenfurter Universität erleben. Das Land ist einmal der Meinung des Literaturfachmannes: Michael G. war immer und ist einer unserer Großen. Und er hat einige Wörter mitzureden, der Dichtersmann. Er reitet den »Pegasus«:

Atemgewölk vor dem Mund,
stapft er den knirschenden Pfad,
und er sucht, und er findet
des Luftpferds heimlichen Stall
und sitzt auf zu immer höherem Ritt, ...

Kein heimlicher, sondern ein öffentlicher Stall ist das überhitzte ORF-Theater in Klagenfurt. Die Schlachtungen, denen wir zujubeln (oder die wir – sei es aus Langeweile oder als Entlastung – gelegentlich ausbuhen), ließen 1991 das Blut überschwappen. Im Stall zunächst, und dann kreisten die Wellen langsam, zwei Wochen langsam die Amplitude verstärkend, hinaus, bis das Kärntnerland bloßgewaschen war: Die FPÖ fordert, Urs A. möge den

Preis für seinen »Babyficker-Text« zurückgeben; leiser und lauter stimmen Vertreter aller anderen Parteien zu; dann kommt die Resonanz aus die Schweiz und aus Deutschland.

Nein, nichts Neues unter der Sonne. Der Skandal spiegelte ebenso die damals beginnende Diskussion über Wer-warum-welches-Geld von der US-Nationalstiftung für Kunst bekommen darf und wer nicht, wie viele Kulturgeldervergaben in Wien, Berlin, oder – sei's drum – in Teheran. Nichts ist gleicher unter der Sonne wie die Sonne selbst. Auch wenn sie, *die Nachmittage, hell und ungeheuer*, auf Kärnten scheint.

So geht das nicht. Sie will eine Gegenstimme sein, im immer wiederkehrenden Gebell. Es gibt auch andere Gegenstimmen: Willy R., der die Förderungsstelle des Bundes für Erwachsenenbildung in Klagenfurt leitet, als wären wir nicht an der wellenverstärkenden Peripherie, freut sich über einen Vortrag; Ernst G., dessen scharfes Auge, von Fall zu Fall, jeder Metropole würdig wäre, wenn er es auf der Zunge trägt, druckt den Vortragstext als Alleinredakteur – so umschreibt er die Tatsache, daß er jahrelang von der Planung über Redaktion bis hin zum Versand die gesamte Arbeit für »Die Brücke« macht – als Brücke-Essay ab.

Wenn die Volksseele kocht, hört sich das so an: Urs A. verkenne, daß sich »hinter dem ästhetischen Wert ... deutlich ein außerästhetischer« erhebt. Der Autor sei keine »echte Persönlichkeit«, weil der Babyficker-Text »von widernatürlicher Erotik« spricht. So eine Geschichte könne nur von jemandem stammen, der »der Gewohnheit frönt, aufregende Geschichten hastig zu verschlingen«, das nämlich »verkrüppelt die Geisteskraft«, so jemand sei für moralisch verantwortliches, für »ernstes Nachdenken ... untüchtig«. Wer meint, ich zitiere aus den vielen, 1991 geschriebenen Leserbriefen, irrt. Die Zitate stammen aus Alfred R.s 1930 erstmals erschienenen nationalsozialistischem Kultur-Kanon »Der Mythos des 20. Jahrhunderts« und aus einem etwa zur gleichen Zeit gedruckten Text, »Der Weg zur Gesundheit« von der Missionsgesellschaft Reformationsbewegung, damals situiert in jener Stadt Basel, aus der der Schweizer Preisträger nach Klagenfurt angereist ist.

Natürlich rückerstattet Urs A. seinen nach allen Regeln des Bewerbes rechtens errungenen Preis dem Land Kärnten nicht, wie es gefordert wird. (Im Gegenteil, er sollte sich den Betrag aufstocken lassen – entweder durch das Abgelten des Teilabdruckes seines Textes in einem im Sommer 1991 erschienenen Inserat der FPÖ, oder durch eine ordentliche Entschädigung, falls dieser Abdruck nicht von ihm autorisiert gewesen sein sollte.)

Der »Zorn der Masse« wird durch ein altbekanntes und immer wiederkehrendes Phänomen ausgelöst: Moralisten lesen nicht; Moralisten können nicht lesen; Moralisten wollen auch nicht lesen. Sie beziehen sich, immer medienvermittelt, auf Texte, die sie weder kaufen noch je im Original zur eigenen Urteilsbildung in die Hand nehmen würden.

Die Bigotterie der Moralisten versteckt sich hinter dem Argument der Verletzung des guten Geschmacks. Die Empörung und die vorgeschobene Begründung kennzeichnen präzise die Stelle des Bruches zwischen Kunst und Gesellschaft. Es ist der Widerspruch, den die Kunst als Außenseiterposition aufklaffen läßt. Literatur zeigt jene Verschweigungen auf, die für die Gesellschaft konstitutiv sind. Es sind die schönen Lügen, an deren Verdeckung im Dienste verschiedener Interessen die Massenmedien mit dem Ohr am Volke arbeiten.

... für die Lebenden ...

Wie Ihr die Augen blendet
Mit den Dornen Eures Diskurses
Der kein Elend stillt
(Allein Euer Gewissen)

Wie Ihr taub macht
Mit dem Gerede über Moral
Aber Euren Rechts handelt
(Oder eben nicht)

Wie Ihr stumm macht
Mit Eurer öffentlichen Bilderflut
Die schon das Frühstück garniert
(Brotaufstrich aus Grauen)

Wie Ihr das Tasten tötet
In Euren Phrasen sozialer Aufgaben
Und den Nächsten nicht spürt
(Sondern handhabt)

... und die Toten ...

Drängt mich zur Winternacht
Daß ich Erinnerung sehe
Wo sie nicht hinhören können
Horcht mit mir in die Erde

Gebt mir ein Frühlingsgewitter
Daß ich die ersten Worte erspüre
Im Sprung des Steins
Stoßt mich zugrund

Immer ist es novemberhell
Im Labyrinth stierhörnerner Lust
Dort rührt mich an
Daß die Bänder reißen
Die Siegel brechen
Und die Bannworte bersten

Als Thomas B.s geniales Gezeter literarische Weltgeltung bekam, empfahl man ihm hierzulande die Psychiatrie; als sich Ingeborg Bachmanns Satz von Wien als *Scheiterhaufenstadt* herumsprach, machte das Gerede von ihrer angeblich hysterischen Lebensuntüchtigkeit die Runde; als Salman R. in einem Roman ironisch auf die Unterschlagung der weiblichen Propheten in der heutigen Pflege des Islam hinwies, richtete ihm die Weltpresse das Todesurteil aus. (Nur Autoren wie Ernst J., die ihre Gesellschaftskritik als Sprachzertrümmerung formulieren, bleiben ungeschoren, weil die Masse mit ihren Medien hier nicht vorgeben kann, sie verstehe, was sie von J. hört.)

Daß die Gewaltätigkeit des von Urs A. verwendeten Bildes aus brutaler Männerpornographie entlehnt ist, mag die Wut von Frauengruppen erklären, die den Autor in der Schweiz und in Deutschland mit Haß (und Farbe) verfolgen. Daß sich Kriemhild Trattnig, die FPÖ-Vertreterin, just auf diese von ihr sonst keineswegs unterstützten militanten Frauen beruft, zeigt das Mißverständnis: Auch bei diesen Frauen verschanzt sich die durch Nicht- oder Falschlesen angestachelte Empörung hinter etwas; nicht hinter dem Schlagwort vom guten Geschmack, sondern hinter dem des Feminismus.

Was die Frauen blind zum Antikünstlerakt treibt, ist etwas Ungedachtes und Ungesprochenes. Im Urs-A.-Text erscheint das System Kunst (für das Luise Charlotte Märten bereits vor dem Ersten Weltkrieg das Wort von der »Obdachlosigkeit weiblicher Kreativität« prägt) in kristallener Klarheit: Um das sprachliche Begehren, seinen Drang nach Ausdruck als Autor, zu bebildern, tut er, was in der Ilias und der Odyssee vage begann, bei Francis B. ausformuliert und in der Moderne zur Regel wurde – er tritt, zertritt mit seiner Bilderwahl das mit Natur und Frau assoziierte Lebendige, um sein Mann-Künstler-Sein zu dokumentieren.

Dennoch: der Autor ist kein Kinderschänder. Aber jetzt wird Urs A., die soziale Person, verantwortlich gemacht, als hätte er als identifizierbares Mitglied der Gesellschaft ein Kind mißbraucht.

In der totalitären Ethik, schreibt Elisabeth Lenk, »wird das ästhetische Phänomen selber tendenziell zum kriminellen Akt«. Die totalitäre Ethik, bei uns im Sinne des gesunden Volksempfindens allgegenwärtig, kann nicht das soziale Ich des Künstlers, der im Alltag durchaus moralisch handeln soll, von seinem mimetischen Hineinschlüpfen in fremde Rollen, fremde Gedanken und fremde Dinge trennen. Was umso merkwürdiger ist, als es der Masse etwa bei Arnold Sch. durchaus gelingt, zwischen der Rolle des Terminators und der Person des Schauspielers zu unterscheiden.

Das Privileg der Künstler ist es, daß es ihnen bei ihrer Arbeit manchmal gelingt, die alles versteinernde Entfremdung zu durchbrechen und den Stromkreis zwischen allem wiederherzustellen. Mit einigen Worten, mit ein paar Pinselstrichen, mit wenigen Gesten, mit einem musikalischen Motiv Leben einzuhauchen.

Daß der Kunstakt den Frauen im Abendland nicht ziemt, belegt schon das Leben der Nonne Juana de Asbaje. Das auch wissenschaftlich gelehrte Frauenzimmer mußte 1694 mit ihrem Blut unterzeichnen, daß sie dem Schreiben entsagen würde. Ein Jahr später starb die treue Dienerin eines Manngottes, gebrochen, aber wieder normal. Selbst die mächtige Äbtissin Hildegard von Bingen, die in ihren wissenschaftlichen Schriften mit der Wahl der Sprachformeln genau die erlaubten Grenzen weiblicher geistiger Betätigung einhielt, wurde an ihrem Lebensabend mit einem Komponierverbot belegt, weil sie den Gregorianischen Choral zu beleben im Begriffe war.

Der Versuch von Künstlern, über dieses Privileg hinaus die Einheit von Kunst und Leben wiederherzustellen – ein schillerndes Erbe der Romantik, das den Maler Otto M. als Herr seiner Kommune verblendete – ist eo ipso zum Scheitern verurteilt. Die herrschaftsfreie Beziehung, die in Glücksaugenblicken durch das mimetische Vermögen (Walter B. diagnostiziert es treffend bei Kindern, Künstlern und Liebenden), das im Verschiedenen Ähnlichkeit und Verwandtschaft wahrnimmt, entsteht, muß sich ins Gegenteil verkehren. Der Größenwahn, der im selbstverlorenen Wahrnehmen und Darstellen des Allgemeinen durch den Künstler immer auch eingebunden ist, wird im Alltag, das soziale Ich aufblasend, zum obszönen Herrschaftsakt.

Aber auch im Fall des Kommunengründers Otto M., da der Schutz von Kindern viel zu spät eingefordert worden ist, darf aus der gerichtlichen Verurteilung von Otto M. als (und in diesem Fall stimmt es) Kinderschänder kein Urteil über sein künstlerisches Werk als Maler abgeleitet werden.

Weil Kunst nicht unter die Räder von Partialinteressen (wie begründet dies auch für einzelne Gruppen sein mag) kommen soll, ist die Freiheit der Kunst in der Verfassung verankert. Es geht dabei um die Sicherung von Erkenntniswegen. Denn nicht nur die sexualpsychologische Fachwissenschaft, es soll auch die Kunst die Möglichkeit haben, über jene Dinge nachzudenken, die wirklich geschehen, aber mit einem dem gesellschaftlichen Alltag nützlichen Tabu belegt sind. Beide, wissenschaftliche Analyse und künstlerische Mimesis, arbeiten meist unter Ausschluß (im Sinne von Desinteresse) großer Teile der Öffentlichkeit. Beide Erkenntnisprozesse und ihre Resultate sind auch bei Bemühen nicht ohne Substanzverlust massefähig zu machen. Beide ziehen gelegentlich rabiate Schlüsse, die mit dem Bild, das sich die Gesellschaft von sich macht und durch Moral schützt, nicht vereinbar sind.

Aber der Preistext von Urs A. spricht ja gar nicht von der Kinderschändung, die tatsächlich passiert, er verwendet die Phantasie darüber als Metapher für etwas anderes. Mit so etwas spielt man nicht, antwortet streng die Moral. Denn: Was jeder Zeitungsreporter mit lüsternem Entsetzen umschreiben darf, wenn es zufällig polizeibekannt, also ruchbar, blutruchbar wird, darf im deutschen Sprachraum von keinem Autor als ästhetisches Mittel eingesetzt werden.

Karl Heinz B. weist in seinen Überlegungen zur Ästhetik immer wieder auf diesen entscheidenden Unterschied zwischen der französischsprachigen und der deutschsprachigen Literatur hin. Die Erschütterung durch die Greueltaten unter dem NS-Regime war so groß, daß nicht nur die Erinnerung an die Taten verdrängt wird, sondern daß auch der öffentliche Auftrag an die Kunst hinter die Moderne zurückgefallen ist. Im Wiener Kreis spricht Gerhard R. davon, daß im Nachkriegsösterreich zwar viele etwas gegen die nazistische Kriegspolitik, aber nichts gegen die »gesunde« nazistische Kulturpolitik einzuwenden gehabt hätten.

Die Nacht aller Nächte

Spuren von Tieren
Pfade mit frischen Schritten
Wege, knirschend unter geruhsamem Tritt
Straßen, salzfrei. Verlangsamung auch hier

Vogelstimmen, als hinge kein Reif in den Zweigen

Waldbestickte Horizonte greifen ins Winterlicht
Der Sonne Widerschein fängt sich im Schattental
Eos' Pinsel berührt das Kälteweiß
Erinnerung an jene langen Sommertage
Sie, hier die frühe Botin der Nacht

Die Nacht aller Nächte: dunkel wie keine sonst
Und Stille – Stille!
Im Härten der Frostkristalle
Unter der Handschrift von Venus

Halten die Kriege an? Fließt allein
Das dampfende Blut unserer Festtagstiere?
Haben wir die Leiber gesegnet mit Sprüchen
Daß diese Schuld reingewaschen wird?

Die Nacht aller Nächte:
Hesperas sternenbeschüttetes Firmament
Atmender Schnee, heitere Perlen im Glas
Und Lichter – Lichter! – in Bäumen

Die Kriege, immer blutige Erbschaft
Mit Männermut wieder und wieder angenommen
Als wäre sie ein Siegel wie das Gebären
Gewalt liegt auf diesem Planeten, Smog
Auf sternenlosen Städten: menschengemacht
Die Wurzeln der Natur ins Grauen wendend

Die Nacht aller Nächte: Frauen gebären
Kinder, weil wir uns fortpflanzen
Kinder, weil sie erzwungen werden
Kinder, weil manche um Liebe wissen

Auch in dieser Nacht werden Töchter geboren
Frei im Schatten des Krieges
Frei in der Priesterstadt Rom
Frei unter den Rabenfalten des Tschadors
Ja, frei im monströsen Licht der Gebärsäle

Es ist die Nacht der Nächte –
Venus wirft Regenbogensplitter ins Land

Der öffentliche Auftrag an die Kunst lautet: Man möge das Gute darstellen (die Kunst habe sich um das gesellschaftlich-religiös definierte Sollen zu kümmern), und sich nicht mit dem Schlechten befassen (also das Böse, das im gesellschaftlichen Sein auch da ist, möge in der Kunst

verschwiegen werden). Alfred R., der nationalsozialistische Ideologe, fordert eine neue Kunst, die entsteht, wenn »ein neuer edelster Wert, das ganze Leben beherrschend, von uns Besitz ergriffen hat«. (Solche edelsten Werte kollern jetzt wieder unter den Völkern des ehemals kommunistischen Blocks herum. Und wenn etwa Peter H. besorgt darauf hinweist, daß Menschlichkeit begründende Toleranz und geistige Freiheit auf der Strecke zu bleiben drohen, wird er als Faschist beschimpft, wie dies just ein Kunstkritiker, Karl Bertram St., in der »Kärntner Tageszeitung« getan hat.)
Die Forderung, daß die Kunst der Gesellschaft zu dienen, und nicht diese seherisch zu begleiten habe, reicht bis zu den abendländischen Vätern zurück. P.s Kunstfeindlichkeit läßt ihn in der »Politeia« fordern, daß nur das ethisch Nachahmenswerte dargestellt werden darf, also die tapferen, frommen und edelmütigen Männer und deren Taten. Der Philosoph Arthur Sch. predigte dem jungen Bürgertum die Kunst des erbaulich Schönen als Ausgleich für den Alltag. Und der Vatikan hielt bis nach dem Zweiten Weltkrieg an seinem Index der für Katholiken verbotenen Bücher fest.

Selbst ein Mann der Medien, bediente sich Urs A. dennoch der Ästhetik des Bösen, um die Klagenfurter Jury einzuwickeln.

Das Mindeste, was er solcherart mit seinem Text erreichen würde, war beträchtliche Publizität für den Verlagsmarkt, weil die Jury an diesem Text ihr Können beweisen würde müssen. Das Meiste, was zu erreichen möglich war, fällt ihm in den Schoß: Publizität, ein Preis und das Wachrütteln jener Vorurteile, welche die »zivilisierte Welt« seit der Waldheim-Affäre gegen Österreich auspielt.

Die Interessengemeinschaft Österreichischer Autoren und Autorinnen (IG-Autoren) hat sich vom Bachmann-Bewerb ob der Gladiatorensituation der Schriftsteller immer distanziert. Die Grazer Autorenversammlung (GAV) greift die Veranstaltung nach wie vor an. Den GAV-Protest 1991 unterzeichnete auch Elfriede Jelinek. Von ihr stammt die Bearbeitung des einzigen vollendeten Romanes aus Ingeborg Bachmanns Todesarten-Zyklus, »Malina«, für eine Verfilmung. Das sorgfältige Drehbuch zeigt Jelinek – soweit dies in der notwendigen Verkürzung möglich ist – als Vermittlerin eines schwierigen Bachmann-Textes. Der Regisseur jedoch versteht (wie die Organisatoren des Bachmann-Preises) nur eine einzige Sache im Zusammenhang mit der Dichterin: den Werbeeffekt ihres berühmten Namens. Mit Ingeborg Bachmann konnte sich Regisseur Werner Sch. endgültig am Filmhimmel fixieren. Daß er für diesen Film, der an »Malina« vorbeigeht (und die vielschichtige Feuermetapher bei Bachmann auf einen biederen Zimmerbrand bringt), dafür aber brav alle Klischees über die Person der Dichterin einbringt, auch noch einen Preis für Literaturverfilmung erhielt, zeigt, daß die betreffende Jury »Malina« nicht gelesen oder nicht verstanden hat.

Nun, die Klagenfurter Bachmann-Jury hat für Feinheiten wie sorgfältiges Lesen keine Zeit. Der Reiz des Gladiatorenspieles ist das Hören und Ad-hoc-Diskutieren eines Textes vor Publikum und laufenden Kameras. Was dabei herauskommt, ist eine attraktive Fernsehshow (die deswegen nicht aus dem Kulturbudget, sondern anderweitig finanziert gehört). Das Geheimnis der Anziehungskraft dieser Show ist längst gelüftet: Gelegentlich bekommen auch die Löwen etwas ab, wenn auch selten durch die Gladiatoren, die als Dichter den Streß einer öffentlichen Texthinrichtung oft unterschätzen, so doch durch die anderen Löwen, und durch unersättliche Selbstzerfleischung, die zeigt, mit welch matten Versatzstücken die Tagesliteraturkritik auskommt.

Dennoch ist die Kontrolle innerhalb des Löwenpacks derart, daß es nach den Kampftagen selten zu gravierenden Fehlentscheidungen kommt. 1991 allerdings gibt es einen Mißgriff: Der Ingeborg-Bachmann-Preis geht an einen Text, der ausgeleierte Sprachbilder verschiedener Provenience zu einem Paradebeispiel vornehmen Kitsches montiert. In einem Anfall von eigener Dritte-Welt-Liebe wird die falsche Heimatgeschichte einer entheimateten Türkin zu deutschsprachiger Literatur gekürt.

Die skandalöse Preisverleihung – ich meine diesen Preis und nicht den des Landes für Urs A. – sollte endlich die alte Forderung durchsetzen, den Namen Ingeborg Bachmann nicht weiter zu mißbrauchen, und die Bezeichnung des fremdenverkehrswirksamen Wettlesens zu ändern. Dies umso mehr, als es heute – und davon war 1991 schon einiges zu merken, was die Jury recht hilflos werden ließ – eine Art von Jung-Literatur gibt, die mit der Bachmann-Arbeit an der Sprache wenig zu tun hat, die aber, weil sie mit Versatzstücken der neuen Medien besetzt ist, weit bildschirmwirksamer präsentiert werden kann.

Diese neue Art Literatur, die aus Performance, Computerkunst und Clipkultur gespeist wird, verhält sich zur Öffentlichkeit auch nicht so widerspenstig wie das pure Schreiben, das Literatur so lange ausgemacht hat. Der Widerspruch zwischen Kunst und Gesellschaft erscheint zumindest zunächst gemildert, wenn man nicht mit den reich assoziativen sprachlichen Möglichkeiten, sondern mit den simpleren der Mediengesellschaft arbeitet. Zumindest vorerst, weil – soferne wir uns nicht im Sinne von Neil P. zu Tode amüsieren – sich aus dem heute jugendlichen bejahenden Vokabular eine Kunstform entwickeln kann, die dasselbe gesellschaftskritische Potential hat wie Literatur heute.

> An diesem Vortragsabend bleiben alle Kunstfreunde und -freundinnen trotz des Themas fern. Die Freunde und Freundinnen ihres bürgerlichen Klagenfurter Ich sind hingegen da. Sie sind an einer anderen Stimme interessiert. Auch die Frauenreferentin der Kärnter SPÖ, Melitta Trunk, ist da. Sie will, daß *sie* den Vortrag für die Kulturbefaßten im Landtag wiederhole. Dazu kommt es naturgemäß in der Schnellebigkeit der Tagespolitik nicht. Unter den Lesern der »Brücke« sind die Kunstmänner begeistert, einige der Kunstfrauen finden es doch etwas radikal. Die wenigen Feministinnen, die den Text in die Hand bekommen, sind über ihre »Urs-A.-Verteidigungsrede« empört und werfen ihr vor, der ärgsten Pornographie in die Hände zu spielen.

Was heißt da Ernst-Diskurs im Phallus-Symbol-Rahmen! In meiner Höhle habe ich es gerne dreieckig, ypsilonhaft und heiterrund, wenn ich *im Höhlenbild den Traum vom Menschen* suche. Das baubinische Geschlängel aus der Zeit vor der Vertreibung steckt da irgendwo. Auch die *Drachenzeichnung* aus der Zeit vor dem tötenden Heldenspeer. Die Hühnchen, die ich rupfe, sind keine Legebatteriehennen. Meine Schneehühner sind Feministinnen. Nicht die Gasthausplauscher, Dichters- oder andere -männer, mit ihrem kleinen Emanzipationseinmaleins, für das sie gar Applaus erwarten. Drei mal drei ist neun, sieben und dreizehn sind heilige Zahlen. Chaosformeln des Feminismus sind gefragt, damit auch die Apfelweibchen im Abbild der Welt erscheinen. Wir Weiber haben nicht nur Hirn, wir sind auch Baubo-Erbinnen!

Es hat sich wider Erwarten trotz mehrerer tausend Jahre Herrschaft zu rasch herumgesprochen. Gottlob nicht in Kärnten, aber – Roma locuta – in den USA. Deshalb hat dort der jüngste Ernst-Diskurs die politisch korrekte Rede erfunden. Um dem baubogestützten weiblichen Hirn den Mund zu stopfen. Um die dort verwahrten Worte zur sanften Zwangszerkauung antreten zu lassen. Um das Fruchtwasser der Schöpferkraft mit Zellstoffprodukten zu vergiften.

So fliegen in meiner Höhle die Federn für die Autonomie des poetischen Ich. Freiheit der Baubo auch gegenüber den Anliegen meines emphatischen, meines bürgerlichen, meines verständigungsfreudigen, meines feministischen Ich. Meine sozialen Ichs sind der Fall. Kärnten ist ein starkes Land voller starker Frauen. Mein feministisches Ich kommt hier, nicht in Miami, nicht in Amsterdam und auch nicht in Rom vor den Fall. Ein Fall für das Lachen der Baubo, Fettpölster, Brüste und Vulva schüttelnd.

Besenkunst und Hexenküche

Das Haus ist heute zaubertoll,
ein Irrlicht Wege weisen soll.
Hier witterts nach der Hexenküche.
Die neuen Zeiten geh'n in Brüche.

Eins, zwei, drei, Kunst dabei

Feenmädel Fetzenschädel
Knusperhäuschen Kunstkabäuschen
Dreifuß gekocht Blocksberg gelocht
Kunst versponnen Lust gewonnen

In Scharen schweben die magischen Wesen
auf Gabel, Stock, Bock und Besen.
Die alte Baubo kommt allein,
sie reitet auf dem Mutterschwein

Vier, fünf, sex, kommt die Hex'

Windsbraut rast Bocksbein blast
Nackte Knaben Schwarze Gaben
Künstlernacht Trud gebracht
Wilde Jagd Nie verzagt
Hexenfratz Auf zur Hatz

Krötenspucke und Otterngift –
nach Transylvanien fährt ein Lift.
Fliegenpilz und Satansniere –
für die Brust die rechte Schmiere.

Sieben, acht und neun, Katzen keinen Zauber scheu'n

Locken stocken Socken brocken
Spinnenhose Gürtelrose
Guldenkraut Nichts versaut
Jungmannbraten Gut geraten
Gift der Schlange Keine Bange

Der Geist des Widerspruch
schlüpft in ein Maskentuch.
Der Priapos stellt allen nach
und hält die alten Böcke wach.

Zehn, elf, zwölf, kommen auch die Wölf'

Mammon blüht Schwefel glüht
Mystagogen Nie gelogen
Im Konvent der Präsident
Mit Luzifer liegt alles quer
Der Exorzist nur Brötchen frißt

Der Kauz, der Kiebitz und die Eule,
sind sie heiter, sind sie heule?
Sind das Molche im Gekreuche?
Lange Beine, dicke Bäuche!

Eins, zwei, drei, Geschlecht ist zweierlei

Männerspruch Hexenfluch
Rabenschwänze Lahme Tänze
Frauenflüche Leistenbrüche
Bei jedem Kuß ein Hexenschuß
Im Schwefeldampf Geschlechterkampf

Alles, alles scheint zu drehen:
Bild und Maske, die Gesichter
schneiden, und die irren Lichter,
die sich mehren – und vergehen.

Sie stolpert, aus Lateinamerika zurückgekehrt, in Kärnten wieder über Ausstellungen schreibend, über geballte Kunstpotenz von Frauen: Inge Vavra, Isolde Baumhackl-Oswald, Caroline, Zorka L-Weiss, Christine de Pauli, Monika Kircher, Gertrud Weiss-Richter, um nur einige der Stolpersteine im hiesigen Kunstbetrieb zu nennen. (Sie wird das Team aus Hamburg, das das dritte Kärnten – »Merian« plant, darauf aufmerksam machen. Es wird nicht interessieren. Es interessiert der Kunstmann und Altmeister Giselbert H. An Weiblichkeit wird dennoch gedacht sein: zwei Grigias zieren titelblattmäßig eine Dobratschweide; und ohne Christine Lavant und Ingeborg Bachmann geht es doch nicht. Kärnten wird sich, dank eines Meisterfotografen, fremdenverkehrssicher so darstellen, wie es Thaurer von G. besungen hat. Selbst der Draustau wird so tun, als setze er sich im 19. Jahrhundert in Szene.) Die Stolpersteine türmen sich ihr zu einer kärntenspezifischen weiblichen Schöpfermasse um ihr schon früher vertraute Namen wie Maria Lassnig, Meina Schellander oder Kiki Kogelnik.

Isolde Oswald animiert sie. So organisiert sie eine Künstlerinnenrunde. Innerhalb weniger Monate verblüht die potentiell kritische Masse zum anspruchsvollen Damentreff. Die Künstlerinnen sind verschreckt, weil sie Handeln vorschlägt, etwa den laschen Kunstverein statutenmäßig zu unterwandern, die dort sowieso leidige Arbeit zu übernehmen, um im schönen Haus im Park an der Radetzkystraße mehr hiesige Frauen zu präsentieren, um Frauen zu Kuratoren zu machen. Was gelingt, ist die Organisation eines Künstler-Gschnas, einmal aus Frauenhänden. Da war das von den Kunstmännern argwöhnisch beäugte Extrazimmer im Künstlerhaus bereits aufgegeben, die Treffen haben sich in Restaurants verlagert. In der Runde wird das Motto »Besenkunst und Hexenküche« ausgekocht und verdichtet. Die Kulturredakteurin der »Volkszeitung« stachelt die Anwesenden zu Höchstleistungen an, notiert jeden Einfall. Dann verdonnert die Redakteurin, Ilse Gerhardt, die jeden *ihrer* journalistischen Beiträge ohne Änderung abdruckt, hin und wieder sogar eines ihrer Gedichte bringt, sie, das alles in Form zu bringen. Was sie mit Anleihen beim alten Herrn Geheimrat mit demselben Vergnügen tut, mit

dem später Gunda König die Kunstküchensprüche kurz und klein hackt. Nach diesem Künstlerhausfrauenanfall ist die kritische Masse vollends verpufft. Von da an bewirtet Frau Frauen im trauten Heim.
Dann holt sie – vielleicht sind die großen Worte und ihre Folgen nicht Sache der mit den Augen denkenden Künstlerinnen – Autorinnen zusammen. Sie kommen. Verlangt wird Erfahrungsaustausch, Trost, eine Minischreibschule und – bitte! – kein feministisches Jotta. In diesem Fall ist *sie* verschreckt. Sie läßt die Sache wie einen heißen Erdapfel fallen. Zu viele Jahre hat sie in den Redaktionen die Erdäpfel von anderen mit Korrekturschälen rund gemacht.
Schließlich schmilzt sie sogar – weil es um einen Preis für Frauen geht – einige ihrer eisernen Regeln ein. (Alle diese Regeln wurden beim Literaturpreis der Gruppe 508 in Villach, die sie in ihre erste Jury bat, eingehalten. Das ist der Ausnahmefall in Kärnten, das hier zu Schildernde der Normalfall.) Sie läßt sich für die Jury des »Kulturpreises der Sozialdemokratischen Frauen Kärntens« nennen, obwohl die erste Preisträgerin schon feststeht, obwohl es keine Statuten gibt, obwohl es keine gesicherten Mittel gibt. In den beiden folgenden

Jahren beschließt zumindest die Jury gemeinsam die Preisträgerinnen, aber ihr Drängen auf Statuten bleibt unerfüllt. Dann wird diese Jury noch formloser aufgelöst, als sie einberufen worden ist: Aus der Zeitung erfährt sie von der Preisverleihung 1994.

Wenn das Handeln der Politikerinnen die regellose Improvisation, das Handeln der Hausfrauen der erste scheue Sprachgewinn auf dem Küchentisch, das Handeln der Künstlerinnen Pinselstrich, Hammerschlag oder Metallformung ist, so handle ich mit Wörtern. In der Reihe »Türspalt zur Kunst«, die gemeinsam mit der Stelle von Willy R. veranstaltet wird, halte ich 1988 einen Vortrag:

Mit zwei Zitaten versuche ich, das emotionale Futter des hier behandelten Stoffes zu vermitteln.

»Das Weib hat so viel Grund zur Scham: Im Weibe ist so viel Pedantisches, Oberflächliches, Schulmeisterliches, Kleinlich-Anmaßliches, Kleinlich-Zügelloses und Kleinlich-Unbescheidenes versteckt ..., das im Grunde bisher durch die Furcht vor dem Manne am besten zurückgedrängt und gebändigt wurde. Wehe, wenn erst das ›Ewig-Langweilige am Weibe‹ – es ist reich daran! – sich hervorwagen darf!«

»Obwohl der Mann, aus Scham über sich

selbst und über das, was er tut, in allen Lebensbereichen auf Geheimhaltung und Intimsphäre besteht, hat er doch kein wirkliches Verhältnis zur Intimität. Leer wie er ist, ein unvollständiges, halbes Lebewesen, ohne ein führendes Ich und dauernd auf weibliche Gesellschaft angewiesen, hat der Mann keinerlei Bedenken, sich in die Gedanken einer Frau, auch einer völlig fremden, überall und zu jeder Zeit hineinzudrängen; vielmehr ist er, wenn er dabei abblitzt, empört und beleidigt ...«

Das erste Zitat stammt von Friedrich N. Er war und ist ein angesehener Philosoph, der in geistiger Umnachtung endete. Das zweite Zitat ist von Valerie Solanas. Sie war eine Avantgardistin in New York und wurde ins Irrenhaus gesteckt.

Von Juni 1983 bis Jänner 1985 waren unter den in Klagenfurt ausgestellten Künstlern knapp ein Viertel Frauen. In Banken und in den sogenannten kleinen Galerien war der Frauenanteil höher als in den sogenannten großen Galerien. Der Anteil von 50 Prozent wurde nirgends erreicht. Die Zahlen bedeuten immerhin eine sichtbare Anwesenheit von Frauen. Bei Großausstellungen reduziert sich diese Anwesenheit. So bot die Schau »Weltpunkt Wien«, 1985 in Straßburg, nur zwei Frauen, also elf Prozent der Ausgestellten. Wenn gar die Welt von Österreichischer

Kunst spricht, dann fallen nur noch Männernamen, auch Maria Lassnig oder Vali Export werden meist aus ihrer Anwesenheit entlassen. Ist von internationaler Kunst die Rede, werden Frauen als Alibi mitausgestellt und im Katalog genannt, aber bei den Besprechungen solcher, durch mehrere Metropolen wandernden Monstershows tauchen ihre Namen in den Renommierfeuilletons kaum auf. Verliert man sich gar in die Etagen des Kunst-Essays, dann fällt auch das weg, was Zeitungen manchmal machen: der Kuriosität wegen groß über »Frauenkunst« berichten.

(1995 beginnt ein Bericht von Horst Ch. im Wiener »profil« Schreck schraubend: »Frauen beherrschen die heimischen Ausstellungsräume.« Keine Angst, sie herrschen nicht: Das dem Journal beiliegende Ausstellungsprogramm nennt unter mehr als 50 Kunstmännern zehn Kunstfrauen. Baubo hat mich zählen gelehrt, aber bis zehn, das hätten sogar die Männer unter Urmuttern im Günther G.schen »Butt« geschafft.)

Auf die Ebene der Literatur gewechselt: 1987 erschien in der traditionsreichen Monatsschrift »Merkur« ein Essay, der das Projekt der Moderne gegen die Postmoderne verteidigt. Die Abhandlung nennt Arbeiten von knapp dreißig Dichtern und Denkern. Nur einmal wird eine Frau genannt,

Virginia Woolf (gegen ihren sicher verankerten Ruhm weiß sich ein Dichtersmann nur noch mit Abwehrzauber zu helfen und beschwört die Frage: »Wer hat Angst vor Virginia Woolf?«) In den besseren Feuilletons ist es kaum anders. Ebenfalls 1987 liest sich im Wochenblatt »Die Zeit« ein Artikel über postmoderne Literatur, als wäre der Planet einer ohne Frauen. Zwar geht der Autor hart mit einem »Merkur«-Essay ins Gericht, nennt aber nicht einmal eine einzige Dichterin. Nennt keine, obwohl er die englischsprachigen Romane als Vorposten der Postmoderne sieht.

In der Kunstwelt läuft es zunächst so ab, wie in anderen Sparten. An der Basis wächst langsam die Zahl der Frauen, nach und nach rücken sie in mittlere und höhere Positionen ein. Anders als sonst – 1986 gab es immerhin schon 44 weibliche Universitätsprofessoren, und ohne ein weibliches Regierungsmitglied geht es in Österreich nicht mehr – ist die oberste Etage in der Kunstszene für Frauen unerreichbar. Die internationale Berühmtheit, die selbstverständliche Präsenz im Bewußtsein der Öffentlichkeit gibt es nicht. Nur wenn Frauen den reproduzierenden Sparten angehören, erreichen sie Weltruhm. (Aber auch diese Stars müssen dieselbe Spanne der Einkommenseinbuße gegenüber Männern hinnehmen wie die Arbeiterinnen, auch wenn sie, im Gegensatz zu diesen, Millionen verdienen.)

In unserem Sprachraum lautet der älteste Begriff für Wissen, Weisheit, Kunstfertigkeit »List«. Er ist heute nur noch in »Kriegslist« da und steckt in den Wörtern »lernen« und »lehren«. Ursprünglich deckte der Begriff »List« das Wissen über gesellschaftlich wichtige männliche und weibliche Tätigkeitsbereiche ab: Kriegsführung, Schmiedehandwerk, kultisch-magische Weisheit. Die Kirche führte Jahrhunderte lang ihre Schlacht gegen die alten göttinnenzentrierten Religionen, deren magisches Wissen von Männern und Frauen gepflegt wurde. Schließlich drängte die Kirche dieses Wissen in den Bereich des verbotenen Zaubers. Damit war »List« ins Böse gekehrt. Das neue Wort, das dann – nämlich um 1270 – für das »gute« Wissen um Herrschaft und Kult gebräuchlich wird und Tätigkeitsbereiche betrifft, die jetzt den Männern zustehen, hat ursprünglich nichts mit »lernen« und »lehren« zu tun, sondern mit »können«. Es ist das Wort »Kunst«.

Wie es die Geschichte unseres Jahrhunderts deutlich zeigt, und wie es etwa Arnold H. in seiner »Philosophie der Kunstgeschichte« erläutert, ist die Kunst auch ein Propagandamittel für die Interessen welcher Herrschaft immer. Denn Kunst verfolge stets einen praktischen Zweck, aber man sehe ihr das nicht gleich an. Der Propagandawert der Kunst, schreibt H., »wurde in der Geschichte der Menschheit früh entdeckt und voll ausgenützt«.

Ablesen läßt sich solcher Einsatz der Kunst für unsere abendländische Herrschaft, zum Beispiel, am Antigone-Stoff. Da wird gezeigt, wie sich die neue Sittlichkeit – das Gesetz! – gegen das alte Mutterrecht durchsetzt. Und wie elegant sind die Argumente, welche die griechischen Autoren, lauter Männer, hier schriftlich, dramatisch im Spiel, gegen die mündliche kultische Überlieferung, die Antigone vertritt, einsetzen!

Für die Werte, welche wo und wann, unter welchen Bedingungen und für wen gelten, wird gut gesorgt. Blindsänftig wird die Wahl aus der Überlieferung getroffen. Freifühlig, als leeres Blatt, das beschrieben werden will, nehmen wir die Auslieferung an Auswahl und Auslegung an. Angeliefert wird der Kanon – wie das Zwerchfell bebt, wenn ein fünfstimmiger Männerchor in die Baßlagen gleitet! – in unaussetzenden oralen und intravenösen, in extra- und intramuralen Dosen. Mit der vaterwortströmenden Muttermilch, mit dem laborformulierten Fläschchen, mit der lehrplanbuchstabierten Berieselung, mit der bejohlten Spritzpistole am Pausengang, mit der klischeemedialen Beregnung, mit dem unter-

wässrig gurgelnden Haschen im Wörthersee, mit dem gesprächigen Krügerl am Stammtisch, mit dem Vierterl beim molltönigen Heurigen, mit dem gelegentlich wittrig hinwegwaschenden Kreativitätssturzbach der Kunst.
So betätigt denn auch im Dezember 1987 die Einladung der Galerie nächst St. Stephan in Wien zu einer GAV-Lesung von und mit dem wort- und bildmächtigen Großmeister der Mysterien, Hermann N., die Spülung jenes Klosetts abendländischer Hygiene, das weibliche Stimmen in die Traditionsabwässer schwemmt. Die Einladung propagiert, was lesenswert ist:

BÜCHER DES LEBENS
(DER SEINSTRUNKENHEIT)

homer	odyssee
heraklit	
empedokles	
buddha	
lao tse	tao te king
aischylos	die orestie
sophokles	könig ödipus
seneca	könig ödipus
johannes	johannes evangelium
li tai-bo	
plotin	
meister eckhart	
quirinus kuhlmann	kühlspalter

klopstock	messias
goethe	geheimnisse
hölderlin	
kleist	penthesilea
jean paul	titan
novalis	heinrich von ofterdingen
eichendorff	aus dem leben eines taugenichts
stifter	nachsommer
wagner	tristan und isolde
mallarme	herodias
flaubert	die versuchung des heiligen antonius
huysmans	gegen den strich
schopenhauer	die welt als wille und vorstellung
nietzsche	
stephan george	der stern des bundes
trakl	
arno holz	phantasus
husserl	
heidegger	was ist metaphysik
rühm	abhandlung über das weltall

Je unverbindlicher und vielfältiger die Kunst in der Moderne wurde (die Ethnologen beobachten in vielen Kulturen das Phänomen, daß mit wachsender gesellschaftlicher Unverbindlichkeit die Vielfalt, bei starker Verbindlichkeit jedoch die Gleichartigkeit wächst), desto leichter wurden weibliche Künstler zu ihrer Vorhut. Denn die anarchische Qualität, welche die Avantgarde immer auf ihr Banner – gleichgültig, was sonst noch ausgerufen wird – heftet, gibt zumindest in der Theorie nicht nur den Männern, sondern auch den Frauen Rollenfreiheit. Dies allerdings nur in Nischen der Gesellschaft, die eben deshalb entstehen konnten, weil die Kunst unverbindlich geworden war.

Es waren Frauen, welche die Vorhut im russischen Konstruktivismus ritten. Es waren Frauen, welche die Performance zur Kunstform machten. Es waren Frauen, die Environments besonders nutzten.

Aber wir müssen alle Namen und Daten nachschlagen. Denn im Bewußtsein der Öffentlichkeit sind nur die Namen einiger Männer zu finden – und der Name Meret Oppenheim. Der Name der Schwedin Hilma Af Klimt etwa, oder der der Engländerin Eileen Agar sind da nicht zu finden. Alle drei Künstlerinnen und andere, hier nicht genannte, sind für die Kunst des 20. Jahrhunderts ebenso wichtig wie viele ihrer männlichen Kollegen, deren Namen sofort präsent sind. Und: daß Meret Oppenheim dennoch einen Namen hat, liegt nicht an der Tasse, die sie mit einem Pelzmäntelchen zum Kunstwerk machte, sondern an ihrer Sammlertätigkeit, ihrer Musenfunktion.

Daß Künstlerinnen sich dem Bewußtsein der Öffentlichkeit auch über die Avantgarde nicht einprägen können, liegt auch an der Rollenunvereinbarkeit von Frau und Gewalt. Für Frauen bedeutet die aggressive Tendenz des avantgardistischen Anarchismus Gesichtsverlust, beim Publikum und bei den männlichen Kollegen. Wurden die Happenings der sechziger Jahre trotz ihrer Blutbäder, Gewalttätigkeiten, ja auch Selber-zu-Tode-Bringungen als anarchische Kunstakte mit politischem Protestcharakter begriffen, solange dies unter der Führung von männlichen Künstlern geschah (die häufig Frauen in Blut, Gedärm und Dreck packten), so wurde der Gewaltakt der Avantgardistin Valerie Solanas, die 1968 in New York auf Andy W. und einen Kunsthändler schoß (ohne zu töten), von Kollegen als Verfolgungswahn, von Zeitungen als Terrorakt der Vereinigung SCUM und von den Gerichtspsychiatern als Paranoia beurteilt.

Nur die revolutionäre Gruppe »Up Against the Wall, Motherfuckers« schrieb: »Andy W. von Valerie Solanas erschossen. Plastikmann gegen süße Mörderin. Unmann von der Realität seiner Träume erschossen, als Kulturmörder kam – ein hartes Mädchen mit Bop-Mütze und einem 38er Colt – die wahre Rache von Dada – hartes kleines Mädchen – Männerhaß und Menschenliebe.«

Übrigens: SCUM heißt »Society for Cutting up Men«.

Die Szene, die Leute, die Gesellschaft mögen eine Künstlerin nicht, die ihren Körper verkauft, um eine Woche lang sorgenfrei schreiben zu können, und die dann auf das Idol Andy W. schießt. Wenn Gewalt, dann, bitte, von Männern.

> Die Kunstfrauen sind zahlreich zum Vortrag erschienen. Sie fühlen sich vertreten. Kriemhild Trattnig, zu dieser Zeit ranghöchste FPÖ-Frau im Lande, fordert partout die anwesenden Künstlerinnen auf, nicht auf die Mutterpflichten zu vergessen. Einer der wenigen anwesenden Männer ermahnt *sie*, das nächste Mal nicht aus einem Manuskript zu lesen, wenn ein Vortrag angekündigt ist. Die Presse nimmt Anteil und berichtet. Ulrike Greiner mehrt ihren Ruhm, indem sie ihrem Fall nicht nur einen Bericht, sondern auch eine Glosse widmet. Der Weg, so die damalige Kulturmitarbeiterin der »Kärntner Krone«, zum »Ruhm (ist) mühsam und dornenvoll ... daß es Männer dabei wesentlich leichter haben als Frauen, wage ich sehr wohl anzuzweifeln ... öffentlich gemachte Wehleidigkeit ist jedenfalls nicht der richtige Weg ...«.

Kärntner Frauen halten den Mund. Punktum. Reden, das tun nur gefallene Frauen im Gasthaus. Ohne Scham. Nur eine Frau, die *treu ist, wird im Frühlicht heimgeführt.* Stolzes Schweigen ist der richtige Fall. Und: einen Mann ohrfeigen, das schafft Achtung. Erhebt eine unzufriedene Frau Anspruch auf die Männersprache, statt ihren Selbstverständlichkeiten nachzugehen und den Mannsbildern mit dem aus dem Wahlkampf von Jörg H. stammenden Kochlöffel eine Saftige hineinzudreschen, dann ist sie ein moaches Wassale! Ich bin gekränkt. Ulrike Greiner ist ja angekränkelt! Das Mensch, das ich bin, ist kein Wassale, und moach schon gar nicht. Das Mensch ist ein wehrhafter Fall: mit keiner Wimper habe ich gezuckt, unter dem väterlichen Jod auf den immer zerschundenen Schienbeinen; in der ersten Klasse Realschule habe ich es ihnen gleich gezeigt, der Stärkste, ein Repetent, hat meine Brille zerdroschen, aber mein Sieg ist rot aus seiner Nase geflossen; noch in der Maturaklasse ist einer unter meinem raschen Magenhaken in die Knie gegangen, weil er frech gewesen ist; und wie es sich gehört, habe ich als Erstgeborenen einen Sohn zur Welt gebracht – ohne jeden Muckser bei der erfreulichen Schwerarbeit.

Ulrike Greiner ist nicht angekränkelt. Sie hat ja recht: Nie konnte ich den Mund halten, wenn andere, Männer wie Frauen, klug genug waren, zu schweigen. Oh, Baubo, was bin ich stolz! Ein Vierteljahrhundert nach Ingeborg Bachmann werde auch ich in unserer gemeinsamen Heimatstadt mit einem der Sondermaßregelungswörter ausgezeichnet. Da ist es wieder: »Wehleidigkeit«!

Endbeginn

Gravitation zont zögernd Masse als Gewicht.
Der Sirius birst zum bittersten Gericht,
aus Mondgestein kommt noch Gewürz hinzu.
Die Sterne sammeln Süße, die aus Trümmern troff,
Und in der Sonne sonnt sich Wasserstoff.

Die Wellen aber wollen gelbe Wolle weben.
Das Grün stürzt wütend auf das neue Leben.
Auf unsern Lippen mundet es im Nu.
Schlingpflanzen tanzen stampfend in Lawinen,
Und in den Gärten gären gar Maschinen.

Retortenembryonen brüllen ihre Lust am Tod,
Eisstickstoffwallen färbt den Boden rot.
Die Gläser glitzern glatte Glut dazu.
Die Petrischalen kollern kichernd aus dem Rahmen,
Und aus Pipetten triefen bibbernd Nobel-Samen.

Die Pilze kriechen kreischend aus dem Raum,
Sterile Etiketten klettern keifend in den Traum.
Aus Moder lodert laut ein Du.
Fließbänder gängeln Schenkel eh sie sterben,
Und auf Regalen lallen Flaschen Scherben.

Neutrinos nesteln jetzt in jedem Zelt.
Der Kern entkernt mit körn'gem Klang die Welt.
Aus Tagungshallen hatscht das alte Gnu.
Charm-Quarks reißen letzte Fratzen in die Alle,
Und selbst die Hölle hallt vom Klirren der Kristalle.

Zwei Gedichtbände liegen auf dem Nachttisch der Mutter. (Der Vater ist für Wortspiele, die im späteren Fact-finding-Wahn vergessen werden, und für das Vorlesen von Wilhelm B., Christian M., Eugen R. und solcherlei zuständig.) Sie werden, wie alles, was Buchstaben und Wörter enthält, vom Kind gelesen. Und Bücher gibt es daheim viele. Sie versteht wenig vom meisten, von diesen beiden schmalen Bänden versteht sie vorerst nichts. Dennoch locken zwei Gedichte, die Worte, die Sätze, die Bilder, die in ihrem Kopf entstehen, immer wieder: »Die blaue Stunde« von Gottfried B. und »Das Spiel ist aus« von Ingeborg Bachmann. Viel später wird sie erfahren, der eine Sogtext handle von einem Ehebruch, der andere womöglich gar von einem Inzest. Und daß die Eltern einander über dem »Stundenbuch« von Rainer Maria R. um nicht mehr zurückgenommene Schritte näher gekommen seien.

Nichts, vulvagekrönte Opposition, nehme ich zurück. In meiner Höhle bin ich der baubinische Zwerg, weil ich mich nicht auf den *guten Zwerg* verlasse. Mit blutigen Nägeln kratze ich an den lichtlosen Kristallen des Phallus, erkläre ich, wo Urs A. als Autor des »Babyfickers« zuhause ist. Denn es ist mein Stall des poetischen Ich. Und es gilt mächtige junge Götter wie Dionysos und Apoll in den Dienst zu zwingen, und dem anderen Zwerg, Priapos, das Gehänge zu kratzen, daß unser gemeinsames Lachen das große Gelächter der Baubo weckt! Baubo liegt in der Höhle unter Moränen, *Grauwack und Kreidestein* verschüttet. Verschüttet von der Überlieferung durch männliche Stimmen. Durch deren Spiegel blicken wir im griechischen Erbe auf alle Frauen und Göttinnen der Vulvazeit. Nur eine einzige weibliche Stimme – bruchstückhaft – hilft den baubinischen Zwergen im Geschütte der Gesteinsmassen der Phallussprache: Sappho.

Du liebe Göttin, es sind kaum Hopser im Zeitenlauf der Normalität, die mein feministisches soziales Ich in Kärnten vor den Fall, oder genauer: in den Rapunzelturm, von dem noch das Haar weht, brachten. Aber jede Zeit kehrt sich um, wenn Frauen über weibliche Schöpferkraft den Granit der Tatsachen wälzen. Wenn als Zeugin für tatsächlich geschehende Vergewaltigungen durch Familienmitglieder wieder und wieder Ingeborg Bachmann angerufen wird.

Der Vater habe ihr solch Leid angetan. In »Malina« sei das nachzulesen.

Los, Ihr tüchtigen feministischen Schwestern, im Werk der Bachmann gibt es noch mehr zu finden! Die Literaturwissenschaft – Ihr müßt nur nachlesen! – listet die Stellen auf, die als Inzest interpretiert werden können. Das Kärntner Ambiente ist ja aus der Sicht Resteuropas wahrhaft so abgeschottet inzestuös, daß die Schweizer »Via Mala« ein Mädchenpensionat ergibt! Da ist, zum Beispiel, mein Soggedicht, da tauschen Bruder und Schwester den Atem. Im Kärnten-Gedicht treiben sie weit mehr, vom vielfachen Rollentausch angefangen, sogar Inzest zwischen Schwestern wäre da drinnen. Vielleicht gar von der Mutter gezwungen? Da stehen in einem Gedicht folgende Sätze: *Abends frag ich meine Mutter heimlich nach dem Glockenläuten* und *Leise lauschen wir zusammen: meine Mutter träumt mich wieder*. Was muß sich nicht alles, denkt ihr aus frauenengagierter Aufdeckungsferne, in dem kleinen Reihenhaus inmitten der Gartensiedlung beim Kreuzbergl in Klagenfurt, wohin Ingeborg Bachmann dieses Gedicht 1948 mit dem Vermerk schickt, daß es von rechtswegen der Mutter gehöre, abgespielt haben!

Auch bekannte Dichter verfahren mit weiblicher Schöpferkraft ähnlich. Des Lyrikers Erich F. als Hommage gedachte Interpretation des Gedichtes »Böhmen liegt am Meer« fällt deshalb überraschend flach aus. Er kann den Text einfach nicht lesen, weil er ihn durch den Zerrspiegel seiner Meinung über den Zustand der Bachmann – ein Bündel lebensuntüchtigen Elends! – sieht. Wenig bleibt bei Erich F. von diesem Meisterwerk über die Aufgaben eines poetischen Ich übrig. Nichts bleibt übrig von der Frau Doktor Bachmann, die energisch genug ist, vom New Yorker Hafen aus telefonisch mit Henry K. verbunden zu werden, damit sie ohne Paß in die USA einreisen kann.

Aber diese Blindheit, die Erich F. und viele andere Künstler, welche das poetische Werk der Bachmann schätzen, schlägt, verursacht nicht einmal einen Hopser im Zeitenlauf der Normalität. Es ist der Fall der Normalität, der Zauberspiegel, der die Möglichkeit eines phantasiebegabten poetischen Ich im Falle einer Frau ausblendet. Der Psychoanalytiker Otto R. reflektiert diesen Spiegel in »Das Inzest-Motiv in Dichtung und Sage«. Männer, so der jüngere Zeitgenosse und Konkurrent von Sigmund F., aber durchaus inspiriert von ihm, verfügten, im Gegensatz zu Frauen, über die Fähigkeit zur Sublimierung und seien deshalb in der Lage, ihre Phantasien in Kunst umzusetzen, während den Frauen als einziges Ventil die Neurose bleibe.

Die Öffentlichkeit weiß das auch heute: Normal ist, daß Robert, Edler von M., bis heute keine schlechte Nachrede hat, nur weil er in »Der Mann ohne Eigenschaften« eine inzestuöse Geschwisterliebe schildert. Diesen Zerrspiegel der Normalität muß die Vulvaopposition zerschlagen, um selber sehen zu lernen.

Ich befreie die Legebatteriehennen aus ihrer Folter. In meiner Höhle rupfe ich den Schneehühnern die Federn einzeln aus. Vor dem Schlachten und dem feierlichen Opfer. Dann schreibe ich mit meinem Monatsblut, das von Erneuerung kündet, an die Wand: »Du sollst die Schöpferkraft der Baubo nicht gering achten. Sie ist auch ein Werkzeug politischer Macht.«

Ingeborg Bachmann bewahrt das gute Verhältnis zu ihrem Vater in der Erzählung »Drei Wege zum See« im literarischen Gedächtnis. In dem Maße, als Lebensgeschichtliches, verwandelt, Eingang in eine Story findet. Sie wußte – im Gegensatz zu jenen Feministinnen, die das Richtige falsch lesen – um den Zerrspiegel: ihre Sorge, die fiktive Vaterfigur in »Malina« könnte auf ihren Vater zurückfallen, ist bezeugt. Das, was in »Malina« nachzulesen ist – der gewalttätige Vater-Tochter-Inzest –, ist keine Beichte, sondern die umfassendstmögliche Metapher für die Position der Frau, die im englischsprachigen Raum so genau mit dem Satz »The position of women is prone« beschrieben wird (»prone« mit der mehrfachen Bedeutung beim Geschlechtsakt stillhalten, unterworfen sein, von einer Krankheit oder einem Übel niederstreckt sein; »prone« im engeren Sinn bezeichnet die Position, mit dem Gesicht nach unten auf dem Boden liegend). Im Fragment »Der Fall Franza« treibt die Dichterin die symbolische Analyse bis an eine der Wurzeln unserer Kultur, dorthin, wo der Bruder-Schwester-Inzest Gebot für die Pharaonen war. Daß Franza in Begleitung ihres Bruders reist, ja sich ihm für diese Reise aufzwingt, ist ein hochdramatischer Kunstgriff, der das Thema zusätzlich erhellt.

Ostern

Ich bin das scharfe Auge der Dunkelheit
und das Schweigen der ewigen Kälte.

Komm, Frühling, tanze mit mir!
Wie leicht ich Dich trage
in die Erde, die Wurzeln, die Knospen,
in das Plätschern des Baches.

Denn ich bin das Mahlen am Grunde des Flusses
und die Wärme im Maulwurfgang.

Die Dünung Deiner Sohlen, Shiva,
küßt mir Schultern und Nacken.
Mit dem Frühlingsregen trage ich Dich
in den Raum, in die Tiefen und anderswo hin.

Denn ich bin das Treiben der Sturmflut
und der Schlaf im Sternenzelt.

Tanze nur, Sohn, solange ich die Erde
vor Deinem Stampfen bewahre.
Tanze nur, Bruder. Ich treibe
Deinen Herzschlag dicht ans Erwachen.

Denn ich bin der Panzer der Kröte und
das Lachen der Shakti im Wipfel des Windes.

Deine und meine Glieder, Geliebter,
umgürten die wachsende Sonne
und wiegen den vollen Mond
zu neuer Frühlingsekstase.

Denn ich bin das Sterben der Geschichte
und der Jubel zur Paarungszeit.

Jedes Kind, das bereits von *den Namen in die Dinge* gewiegt wird, weiß: Ich bin das alles nicht (die Zeit ohne eigenes Spiegelbild vergeht dem Menschen ja so schnell!). Was es erst später lernt, ist, daß der *Schnee nicht nur die weiße Fracht von oben*, sondern auch die *Stille* heißt. Die *Nachtwindschritte* der Träume erinnern uns immer daran. Und doch wird der Stille vergessen, wenn die Wörter in die laute Alltagspflicht genommen werden.

Ich bin der Frauenmörder in meiner Erzählung und das Mädchen, das nach der sexuellen Unterweisung mit dem Küchenmesser auf den Stiefvater losgeht. Ich bin die erdrosselte Frau und der erstochene Zweitvater. Ich bin der Folterknecht in meiner Höhle und das bei lebendigem Leib entfederte Schneehuhn. Das alles bin ich, und ist doch nicht mein Fleisch und mein Blut.

Etwas fehlt in meinem Gedicht: Keine Zeile sagt, daß ich eine Muse bin. Dennoch ist eines der Soggedichte ein Gesang, den Gottfried B. für eine außereheliche zusätzliche Muse anstimmt. Dennoch widmet Klaus Th. in seinem »Buch der Könige« in furioser Anstrengung lange Kapitel dem in die Eurydike-Metapher gekleideten Schicksal der B.schen Musen. Die Lyra des Orpheus beginnt beim Abschied zu klingen. Am schönsten am Totenlager einer Frau.

Nützlich ist die Muse aber auch, während sie noch lebt. Bei einem anderen Giganten der B.schen Generation, bei Bertold B., sind es etwa Trude Berlau und Elisabeth Hauptmann, von der Ehefrau Helene Weigel ganz zu schweigen. Heute weiß man, welch umfangreiche Teile der Bertold B.schen Theaterstücke von seinen Dichterinnenmusen stammen. Deshalb wird noch lange keine Doppelautorenschaft angeführt (obwohl es sogar entsprechende Verträge, etwa mit US-Verlagen gibt; nicht einmal die dort angeführten Tantiemenanteile wurden der betreffenden Mitautorin ausgezahlt). 1994 bemerkt das Hamburger Magazin »Der Spiegel« dazu, die Mitarbeit der Frauen sei sowieso immer bekannt gewesen. Es habe der Praxis entsprochen.

So ist das eben mit der Praxis. Clara Wiecks Kompositionen erschienen häufig unter dem Namen ihres Mannes Robert Sch. Sie wird im neuesten dtv-Lexikon in 20 Bänden unter ihrem ehelichen Namen immerhin geführt. Wie die Göttin Baubo hat jedoch Camille Claudel, von der so manche Plastik als Meisterwerk von Auguste R. in den Museen steht, dort keine Eintragung (wohl aber ihr Schriftstellerbruder Paul C.). Helene Weigel ist im Lexikon zu finden, nicht aber Trude Berlau oder Elisabeth Hauptmann. Meret Oppenheim wird genannt, nicht aber Valerie Solanas, Hilma Af Klimt oder Eileen Agar. Ein aktueller Fall lexikalischer Auslassung betrifft Christa Wolf. In der 1988 erweiterten Auflage des »Lexikon der griechischen und römischen Mythologie mit Hinweisen auf das Fortdauern antiker Stoffe und Motive in der bildenden Kunst, Literatur und Musik des Abendlandes bis zur Gegenwart« fehlt jeder Hinweis auf ihren vielbeachteten 1983 erschienen Roman »Kassandra«.

Da nimmt es sich als zwar typisch, aber geradezu lächerlich aus, daß der Kärntner Autor Hans G. – ihm stelle ich meine journalistische Erfahrung für den Start beim Rundfunk zur Verfügung –, als ein anderer mich als eine Kärnten-Delegierte für die IG-Autoren vorschlägt, überrascht feststellt: »Ach ja, Du schreibst ja auch.« Ja, ich schreibe auch. Auch wenn ich nicht in seinem Namen schreibe, so habe ich doch gelegentlich über ihn geschrieben, etwa Anfang der siebziger Jahre, als er einen Literaturpreis erhielt.

Kubanisches Fenster 1986

La libertad no se pide
Der General – se conquista –
Der Dichter bat nicht
Sondern fiel mit
Spanischen Kugeln im Herzen
Und dem Degen in der Hand

La libertad no se pide
Die Enkel, Urenkel, kinderjung
Weggeworfenes Fleisch
In den Straßen von Santiago

Se conquista con el filo del machete
Geschlitzte Hälse
In den Schächten der
Präsidentialen Kanäle
Von Havanna gurgelndes Blut

La libertad
Die Freiheit, latifundienbesetzt
Lepravernarbt, hungergeschmälert
US-Dollar eingewechselt

Jose Martí, Abel Santamaria, Pedro Mirét,
Mario Mu'noz
Marcos Martí, Boris, Renato und die andern
Heldentode
Freiheitstode
Männertode

La lucha clandestina
Heimliches Licht. Die Frauen
Essen, Kaffee, Krankenpflege
Nachschub, Untergrundzeitung
Post, Liebe, Logistik

Fidel nützt neun Leben
Ché in allen Männerbünden
Aquí no se rinde nadie
Havanna. Airport Jose Martí
Die Revolution lebt
Denn hier ergibt sich niemand

Toda la fuerza de la mujer
Al servicio de la revolucion
Alle Kraft für die Revolution
Auch die der Frauen
Al servicio
Dienend im Dienste der Sieger

La libertad
Die Freiheit, männerbesetzt

Reproduktionskontrolliert, industrieentwickelt
Marx' Kapital eingewechselt

Europa ist die Mutter
Die Mutter der Revolutionen

La libertad no se pide
Vergewaltigtes Fleisch
im Gelächter der Polizeistationen
In den Labors
Formalingetränkte Mord- und Freitodteile
Mutterhände um Kinderhälse

Peppi Martin, Anne Sattler-Matnik, Petra
Meier, Marion Müller
Maria Martin, Birge, Renate und die andern
Alltagstode
Diensttode
Frauentode

La libertad no se pide
Se conquista con el filo del machete
Wir erobern sie
mit der Schneide der Sichel

Manchmal wirft in einem Hühnerstall ein Freilandkücken die Schalen ab. Fallen die Eltern als Gehegebauer aus, versucht der Stall die gittergemäße Sozialisierung des Kücken. Und Kärnten ist eine herausragende Schule der Geläufigkeit in der Erziehung dienstbarer Musen.

Die Regeln der Schule der Geläufigkeit (das Bekochen, Bemuttern, Bezahlen und Bewundern des Künstlermannes bleiben hier unberücksichtigt, weil die Freilandhenne gegen solchen B-Handlungsunsinn immer immun bleibt):

A wie in »arbeitssam«: Musen tippen für den Mann.

Während der Studienferien findet sie den Traumjob schlechthin. Sie arbeitet in der Kulturredaktion der nachmaligen »Kärntner Tageszeitung« (KTZ). Als eine der Sekretärinnen auf Urlaub geht, wünscht der Chefredakteur, sie möge, statt Kulturberichte zu schreiben, die Post erledigen helfen. Nein, sagt sie wahrheitsgemäß, leider, sie könne keinen Brief fehlerlos tippen. Daheim bricht sie sofort das Durcharbeiten einer Zehnfingerschule, die ihr der Vater ans Herz gelegt hat, ab.
Als sie wieder einmal nach Kärnten zurückgekehrt ist und für freie Mitarbeit gegen wenig Geld allzuviel Zeit aufwenden muß, sucht eine Elektrizitätsgesellschaft einen neuen Pressereferenten. Da ist ein gut bezahlter Posten, für den sie qualifiziert ist! Schließlich war sie als Wissenschaftsredakteurin in Wien oft genug mit Energiefragen befaßt, und für die Story über Kohlepipelines wurde

sie mit einem der Worthington-Preise für europäischen Wissenschaftsjournalismus ausgezeichnet. Sie trifft den einflußreichen Direktor, Hans H., und fragt nach der Stelle. Er, der ihren Technikervater gekannt hat, ist erfreut, eine seiner Töchter zu treffen. Er ermuntert sie nicht, sich zu bewerben, er will nichts von ihren Qualifikationen wissen, er fragt sie nur, ob sie denn Schreibmaschine schreiben könne. (Im übrigen war der Job für den abtretenden Chefredakteur der KTZ vorgemerkt. Der kann zwar auch nicht wie eine Sekretärin tippen, aber er kommt aus der Sportberichterstattung.)

C wie in »Cäsar«: Musen nehmen das Angebot eines Mannes zur Mitarbeit demütig im Hintergrund bleibend an.

Humbert F., der im Hörfunk eine Live-Sendung zu verschiedenen Berufsgruppen macht, lädt die KTZ-Redakteurin zur Mitarbeit ein, weil er dringend einen Co-Moderator braucht. Sagt er. Und sie bekommt vom ORF einen Co-Autoren-Vertrag. Sie lernt viel vom Profi. Die Recherchen und Vorbereitungen für die Live-Abende im Funkhaus sind spannend. Als sie nach den ersten aufregenden Abenden tatsächlich Mit-Moderatorin ist und vom Publikum auch Applaus erhält, läßt Humbert F., der Erfinder der gut besuchten Veranstaltung, seine eigene Sendereihe einfach platzen.

D wie in »Dauer«: Musen richten sich bei der Arbeit nach den Lagebeurteilungen des Mannes.

Aus Lateinamerika nach Klagenfurt zurückgekehrt, arbeitet sie als Freie auch für den Rundfunk, Abteilung Wissenschaft. Von ihren schriftlichen Themenvorschlägen aus verschiedenen Wissensgebieten, die allesamt Kärnten berühren, sind die wenigsten willkommen. Der Chef wünscht Schulthemen von der Universität für Bildungswissenschaften. Der Chef scheint zu wissen, daß die Republik, in der die tägliche Schulmisere längst evident ist, ein Trostpflästerchen braucht. Sie hat zu Beginn der siebziger Jahre begeistert von den Reformideen des Unterrichtsministeriums berichtet. Mitte der achtziger Jahre und mehrere Unterrichtswunschgeschichten später sind damals versprochene Schwerpunkte – wie kleine Klassenschülerzahlen – noch immer nicht erfüllt. Hofberichterstattung, und sei der Hof auch das Ministerium oder die Universität für Bildungswissenschaften, ist ihre Sache nicht. Sie stellt die Mitarbeit ein.

Zur selben Zeit schreibt sie die Galerien-Berichterstattung für die »Kärntner Landeszeitung«. Gedruckt werden nur jene Berichte, die der Chef für wichtig hält. Nach einer Ausstellung, auf die sie der Chef besonders verwiesen hat, ist sie jedoch froh, daß er den angeforderten Bericht nicht erscheinen läßt: Die Ausstellung war nicht einmal gewichtig genug für den Verriß, den sie geschrieben hat. Als sie das nächste Mal in die Redaktion kommt, steht im Chefzimmer auf einem Kasten ein Bild aus dieser Ausstellung.

E wie in »Ewigkeit«: Musen stellen dem Mann ihre Arbeit auch ohne Namensnennung (und ohne Honorar) zur Verfügung.

Das Land Kärnten veranstaltet eine Enquete zum kommenden Kulturförderungsgesetz. Sie wird eingeladen, einen der Arbeitskreise zu leiten. Als sie bei den Vorbereitungen sieht, daß keine Möglichkeit besteht, Interessen der heimischen Literatur einzubringen, daß es lediglich um eine Legitimierung dessen geht, was Beamte – die im Gegensatz zu ihr für die stundenlangen Besprechungen bezahlt werden – wollen, legt sie die Leitung zurück. Da der Starreferent der Enquete Axel C. sein wird, schreibt sie ihm zur Lage in Kärnten. Erfreulicherweise verwendet er etliche ihrer Themen für seinen Vortrag. Nicht nur: Sie hört zufällig im Radio den »Schalldämpfer«. Er ist gespickt mit wortwörtlichen Passagen aus ihrem Brief. Genannt wird sie nicht.

F wie in »Freiwild«: Musen überlassen die Einschätzung ihrer Talente dem Mann und richten sich nach seinem Urteil.

Mit dem Satz, daß sie nicht das Zeug zum Journalisten habe, läßt Humbert F. die Live-Sendereihe im Hörfunk platzen. Zehn Jahre später lädt er sie zur Lesung beim Publizistik-Preis, den er gerade als Ergänzung zum Bachmann-Preis mit dem ORF-Intendanten aus der Taufe gehoben hat, ein. Sie soll Journalismus machen, sagt er, das könne sie, aber die Literatur solle sie bleiben lassen. Sie enttäuscht Humbert F. mit ihrem Reisebricht über den archäologischen Park von San Augustin in Kolumbien. Denn neben den Reiseumständen, historischen und archäologischen Daten spielt ein indianischer Schöpfungsmythos, an dessen Beginn eine Göttin steht, eine wichtige Rolle. Der Mythos ist Angelpunkt einer kritischen Auseinandersetzung mit den üblichen Interpretationen der Archäologen.
Humbert F. grantelt vor sich hin, ohne

in der Diskussion ein Wort zu seiner Kandidatin zu sagen (später wird er sie fragen, was denn, zum Teufel, Feminismus sei). Auch anderen in der Jury fällt nichts ein. Der Mann vom »Spiegel« macht seinem unspezifischen Ärger Luft, indem er sich an einem Eigenschaftswort, das seinem Geschmack zuwiderläuft, festkrallt. Die Jury-Dame von der BRD-Journalistenschule ist vom Text angetan (in der Pause empfiehlt sie ihr dringend, andere Themen zu wählen; ihre Antwort, sie habe dies ja zwanzig Jahre lang getan, versteht sie nicht). Chefredakteur Otto Sch. faßt die Irritation der Jury zusammen. Er freue sich ja, meldet er sich zu Wort, über die gute Schilderung der Wiener Redaktion – die nicht die seine ist –, aber etwas wisse er genau: »Der liebe Gott ist keine Frau!«

G wie in »geschenkt«: Musen nehmen dem Mann keinen Job weg, nicht einmal einen schlecht bezahlten Nebenjob.

Sie hat soeben die Honorarabrechnung für ihre Beiträge in der »Kärntner Landeszeitung« bekommen. Knapp 70.– (in Worten: siebzig) österreichische Schilling für einen Zweispalter, in den sie eine dreitägige Veranstaltung an der Uni gepackt hat. Es ist nicht einmal das

gewerkschaftlich ausgehandelte Zeilenmindesthonorar. Keine Taggelder. Kein Spesenersatz. Allein die Autobusfahrten und die Mittagswürstel in der Mensa haben mehr gekostet. Nicht nur brotlose Kunst, die Arbeit, die sie macht, um literarisch unabhängig zu sein, kostet Zeit und schafft ein finanzielles Minus! Honorare aus Großbritannien, Australien und den USA, sogar für Nachdrukke, sind ohne Einforderung in lohnendem Ausmaß eingelangt. Auch aus Wien, wenn auch weniger lohnend. Nur in Kärnten werden weder für Texte noch für Fotos die Mindestanforderungen erfüllt!
In ihren Ärger platzt ein Anruf. Ein Josef Konrad U. ist es, der im Gegensatz zu ihr auf einem festen Posten – Kranken- und Pensionsversicherung mit etlichen Dienstjahren inbegriffen – in einer Druckerei sitzt: »Entziehen Sie mir nicht meine Lebensgrundlage!« unkt er sie an. Nach einigem Hin und Her begreift sie, was los ist. Der Hobbyschreiber hat die Galerienberichterstattung in der »Kärntner Landeszeitung« gemacht, bevor man diese Arbeit ihr anbot.

H wie in »heillos«: Musen wollen nichts werden, sondern arbeiten für den Mann, der etwas wird.

Die Umstände haben ihr als KTZ-Redakteurin ein Geschenk gemacht. Der zweite Kulturredakteur ist Monate zuvor einfach nicht mehr in der Redaktion erschienen. Der Kulturchef, Karl N., unter dem sie gut arbeiten konnte, hat die Stelle gewechselt. Seit einigen Wochen ist sie für die Kulturseite des Blattes zuständig. Nicht bestellt, aber zuständig. Die kleine wilde Hoffnung, ihr würde bei all den Rochaden, die auch in der obersten Etage des Blattes, in der Kärntner SPÖ, stattgefunden haben und stattfinden, das Ressort zufallen, zerstiebt, als die Bestellung von Hermann Sch. bekannt wird (später wird er das Kulturamt des Landes übernehmen und wird dort, bei aller Verläßlichkeit – seine mündlichen Zusagen werden meist halten, was wieder ein Kärntner Ausnahmefall ist –, jenes Unverständnis für Anliegen der Kunst, die von Gewohntem abweichen, zeigen, das er schon in der Redaktion an den Tag legt). Da die neue Konstellation in der Partei und im Blatt auf Jahre hinaus jede halbwegs selbständige Position für die jetzt Dreißigjährige blockiert, kündigt sie.

Am Ball der SPÖ holt Landeshauptmann Leopold W. sie aufs Parkett. Der Herausgeberchef des Blattes bittet sie bei einem Tänzchen, sie solle doch bleiben. Der neue Chefredakteur (Ernst P., der später ins erwähnte Pressereferat gewechselt wird) habe doch ein Auge auf sie und höre auf sie. Sie könnte doch ein Auge auf seine Arbeit und die Zeitung haben. Der Landeshauptmann, der Ernst P. zum Chefredakteur gemacht hat, der Landeshauptmann, der ihr sagt, sie sei eine gute Journalistin, aber Hermann Sch. Kulturchef werden läßt, bietet ihr, die dank Studium und Mutterjahre weniger verdient als jüngere Kollegen, nicht einmal eine Gehaltserhöhung an, um ihr solches Bleiben schmackhaft zu machen. Sie wird das mündliche Angebot des Kulturchefs der »Presse« annehmen und nach Wien gehen.

I wie in »Insider«: Musen verwenden unter keinen Umständen obszönes Vokabular, auch nicht, wenn es der Mann tut.

Wie das meiste, was Männer steuern, ist in Kärnten auch das Zeitungsumfeld weiblich. »Ha«, grinsen die Redaktionsmänner, »jetzt hamma sie wieder gepudert!«. Sie klopfen sich auf die Schenkel und meinen: Sie haben eine Geschichte im Blatt, welche die Konkurrenzblätter verschlafen haben. Die Anhäufung von Sexvokabular für Alltagsangelegenheiten verblüfft sie.

Auf ihrem Schreibtisch liegt eine der ausgezeichneten Filmkritiken von Horst Dieter S. Diesmal geht es um »Das Große Fressen«. Er schreibt, der Film handle vom »Fressen, Saufen und Vögeln«. Sie läßt auch »Vögeln« in den Druck gehen, schließlich trifft das Wort den Film. Am nächsten Tag herrscht polare Stimmung in der Redaktion. Als sie fragt, was denn los sei, wird ihr beschieden: »Daß gerade Sie sowas durchgehen lassen!«

J wie in »jedermann«: Musen verletzen nicht die Ordnung des Mannes.

Wie die anderen Redaktionen gemaßregelt werden, so werden Frauen von den Redaktionsmännern zur Ordnung gerufen. Gleichgültig, ob es sich dabei um eine Frau Minister, eine Stadträtin oder um das alte Original handelt, das die Redaktion abends füttert. Hat eine eine eigene Meinung, gehört sie nur »einmal gründlich durchgebumst, damit sie wieder zur Vernunft kommt«. Läßt sich eine nichts gefallen und redet zurück, so tut sie das nur, »weil sie so frustriert ist«. Stellt sich eine gar als Emanze heraus, fällt verläßlich ein Satz wie: »Die braucht nur einen Mann, der sie dauervögelt, damit sie nicht so blöd daherredet.«

Sie hat für die slowenischsprechenden Kärntner Stellung genommen. Ein Kärntner Mann fühlt sich verpflichtet, sie zur Ordnung zu rufen. Es ist nicht der erste Drohbrief, den sie erhält, aber hier hat die Drohung einen besonderen Tonfall: »Nachdem du gar so für die Tschuschen bist ... du bist genauso blutgierig wie die Titoschergen ... Und du verlangst noch, man soll die Sprache dieses Gott verfluchten Volkes lernen ... Doch es ist ja bekannt, daß du bei dem int. Vögelturnier in Lubiana den 1. Preis erhalten hast ... Ich begegne dich (sic!) jeden Tag und habe ein Auge auf dich geworfen. Ich werde dich vögeln kommen ... Mein rep ist 40 cm lang und wird dich ganz befriedigen, dass du dein ganzes Leben daran denken wirst ...«
Kurz und bündig geht es im Privaten zu: Ein Kärntner, der mitten in seiner eigenen Scheidung steckt, fragt sie, ob sie sich vorstellen könne, mit ihm zu leben. Frisch geschieden, wie sie ist, erbittet sie Bedenkzeit, fährt mit ihm jedoch auf Urlaub. So etwas tut frau nicht, denn inzwischen hat sich eine gefügige Heiratskandidatin gefunden. Er teilt ihr das auch mit: »Wenn sie je erfährt, daß wir gemeinsam unterwegs waren, bring ich Dich um!«
Beträchtlich feiner ist die Drohung, die

ihr ein Kärntner Freund eines Wiener Krebsspezialisten zukommen läßt, nachdem sie in Wien die merkwürdige Gebarung eines Krebsspendenvereins aufgedeckt hat. Der Kärntner Vermögensverwalter erkundigt sich zunächst in Klagenfurt so lauthals nach ihren persönlichen Verhältnissen, daß sie in Wien angerufen wird, sie möge doch auf ihren Sohn aufpassen. Dann reist er in Wien an und pflanzt sich derart in ihr Redaktionszimmer, daß sie die Reporter bei ihrer Rückkunft von einem Termin vor ihm warnen. Mit ihr allein, teilt er ihr sanft abschätzend mit, es sei noch nicht beschlossen, was mit ihr geschehe. Natürlich schreibt sie die Recherche weiter. Natürlich geschieht nichts. Als sie zufällig später in Klagenfurt noch einmal den Weg des Mannes kreuzt (diesmal handelt es sich um die Gebarung eines Tierschutzvereines), fällt er in den richtigen Kärntner Tonfall: Er läßt ihr ein Blatt zukommen – neutrale Schreibmaschine, keine Unterschrift, versteht sich –, auf dem er ihr droht, Tagebuchnotizen eines bekannten Klagenfurters zu veröffentlichen, die eine Affäre mit ihr schildern. Sie läßt ihm über die Briefbotin (ein Vorstandsmitglied eben jenes Tierschutzvereines) ausrichten, er könne, was immer er wolle, über sie vom Stadtpfarrturm ausplärren lassen. Damit ist sie ihn los.

K wie in »Kater«: Musen glauben dem Mann, daß Frau nicht mit Frau, sondern nur mit Mann zusammenarbeiten kann.

Sie fährt nach Wien, um den Vertrag mit der »Presse« auszuhandeln. Kulturchef Franz E. empfängt sie in Verlegenheit. Es gäbe leider keinen Vertrag für sie. Ihre Qualifikationen seien gut, aber die Chefs wollen nicht wieder eine Frau einstellen. Sie glaubt es nicht. Franz E. ruft einen der Chefredakteure. Thomas Ch. kommt und sagt, leider, sie hätten schon zu viele Frauen, auch das Chefredaktionsmitglied Ilse Leitenberger sei dieser Meinung. Sie fragt, wie viele Frauen es denn in der Redaktion gäbe. Er sagt, zehn Prozent, das sei genug. Sie, die schon zufrieden unter mehreren weiblichen Vorgesetzten – auch im Journalismus – gearbeitet hat, verläßt verdattert das Pressehaus. Dann ruft sie von der nächsten Telefonzelle aus beim »Kurier« an.
Zwei Monate später beginnt sie dort. Sie freut sich unter Chefredakteur Karl L. und Lokalchef Paul U., daß die Geläufigkeitsschule in Wien schon in Vergessenheit gerät. Bis diese durch einen neuen Chefredakteur, den Kärntner

Gert L., wieder in Erinnerung gebracht wird. Er beendet den selbständigen Teil ihrer Arbeit: Er stellt die Wissenschaftsseite, für die sie verantwortlich ist, ein. Sie ist jedoch nur eine der Dornen in seinem Fleisch. Auf mehrere Etagen und Ressorts verteilt, arbeitet ein Dutzend Frauen gut und gerne zusammen. Gert L. will das Krätzl sprengen, ein neuer Chef hat Anspruch auf eine neue Mannschaft. Zwei der Redakteurinnen, deren Abfertigung gering ist, werden gekündigt. Zwei werfen das Handtuch und kündigen selber (eine davon reißt als Auswanderin bis nach Kanada aus). Sie geht nicht. Sie wird die für das Blatt kleine, für sie jedoch große Abfertigung nicht verschenken. Jetzt ist der Chefredakteur entnervt. Er veranlaßt ihre fristlose Entlassung. Zwar wird die Abfertigung für die Zeitung dann doch etwas teurer, weil sie mit Unterstützung ihrer Gewerkschaft klagt, die Entlassung in eine Kündigung umgewandelt wird, sie ihre Abfertigung bekommt, und die Zeitung die Verfahrenskosten tragen muß, aber der Rundumschlag des Gert L. wirkt. Auch die Kärntnerin Burgl Czeitschner wird kurze Zeit später, trotz langer Jahre beim »Kurier«, freiwillig die Stelle wechseln. Die Zufalls-Weiber-Clique ist entkernt. Und *sie* ist mit einem Fußtritt in die Literatur befördert. Endlich.

L wie in »Laster«: Wenn Musen von einem Mann gefördert werden, richten sie sich nach seinen Wertmaßstäben.

Hans W. ist zu einer Lesung in Klagenfurt. Viel und begeistertes Publikum. In der Diskussion will sie es endlich wissen: Wie sieht Hans W. heute die Prosa von Ingeborg Bachmann, wie ist das mit der »gefallenen Lyrikerin«? Hans W. bleibt bei seinem Urteil, räumt aber ein, daß er sich nie ernsthaft mit der Bachmannschen Prosa befaßt hat. Nach der Diskussion geschieht, was ihr seitens eines prominenten Autors noch nie geschehen ist: Er bietet der Kärntner Autorin seine Hilfe an. Sie bedankt sich gerührt. Sie solle ihm einige ihrer Manuskripte schicken. Sie weiß, daß sie dies nicht tun wird. Bei aller Unterstützung, die Hans W. Autorinnen hat zukommen lassen: sie hat das Romanmanuskript von Marlen Haushofer im Kopf, das, das verloren ist, weil die Dichterin es auf W.s Anweisung hin – er hatte moralische Bedenken – vernichtet hat.

M wie in »mausetot«: Musen beurteilen in der Öffentlichkeit keine Themen, über die zu sprechen Angelegenheit des Mannes ist.

»Die Kulturträger der Gegend sitzen fertig aufgereiht, es geht los mit Frau Edith, sie trägt ihre Sache vor, als gelte es, einem Sittenstrolch Schirm und Handtasche um die Nase zu schlagen oder Reinhard T(...) zu überbieten ...« So nimmt Manfred M., Assistenzprofessor an der hiesigen Uni, in seinem »Second Land« (Residenz Verlag, Salzburg 1992.) sie, die bei einem IG-Autoren-Podium über die Kunstförderung in ihrem first land spricht, in die illustre Runde jener auf, die im buchlangen Feuilletonklatsch namentlich erwähnt werden. Manfred M. – bei jeder Kulturveranstaltung dabei – ist wirklich der einzige im Land, der über Kunst und Kultur etwas zu sagen hat. An diesem Abend sieht seine Stellungnahme zu ihrem Referat so aus: Die Autoren sollten doch nicht so empfindlich sein.

Da ist es wieder, eines von den Wörtern, mit denen Ingeborg Bachmann bedacht worden ist. Beim Sprachphilosophen Manfred M. paart sich das Wort »empfindlich« mit dem Bild, »Schirm und Handtasche um die Nase zu schlagen«. So wie sich sensibel mit einer scharfen Klinge paart. Bekanntlich ist es noch lange nicht dasselbe, wenn zwei das gleiche tun. Besonders, wenn sich zwei durch das Geschlecht unterscheiden. »Frau Edith«, kündigt Manfred M. diesen Tatbestand lauthand an, läßt mit ihrem Auftritt Herrn Manfred eine Komikszene assoziieren: eine wild gewordene Heilsarmeepredigerin. Die Heilsarmee steckt im Wort »Sittenstrolch«, auf den eine empfindliche sexualitätsfeindliche Sittenwächterin mit Schirm und Handtasche losgeht. Tut der zweite das gleiche, steht der lächerlichen bebrüsteten Militanz eine hehre beschwanzte Szene gegenüber: Mit Sensibilität wird etwas wahrgenommen und mit scharfer Klinge trägt der elegante Fechter seine Kritik vor. Folgerichtig beschreibt Manfred M. in »Second Land« den Diskussionsbeitrag eines Dichtermannes zur Kunstförderung in Kärnten mit dem Wort »wunderbar«. Um Papa Sigmund F. auch ein Mal meinen Respekt zu bezeugen, sei erwähnt, daß in der Dichtersmannstelle von Herrn Manfred auch eine sexuelle Konnotation mitklingt. Sie zeigt allerdings keine altjungferliche sittenstrolchverfolgende Sexualitätsfeindlichkeit, sie evoziert, im Gegenteil, männerbündische Erotik. Die Rede ist vom »seidenweichen Dreck«.

Wenn Cäsar das heillos arbeitsame Freiwild auf Dauer geschenkt ist, bleibt es in Ewigkeit mausetot. Denn Insider wissen, was jedermann weiß: Der Kater ist ein Laster. Reinhard T. würde sich schön für eine

Autorenschaft meines Referates »Kunstförderung 1989« bedanken:
Alle wollen Kultur. Auch in Kärnten. Beim Feuerwehrfest, der Kraftwerkseinweihung, der Tunnel- und Saunaeröffnung, immer tragen die Redner das kulturelle Herz auf der politischen Zunge.
Wer sind denn nun die Politiker, die sich als Kulturverbündete anbieten?
Es sind die Gemeinderäte, die beschließen, ein Kulturhaus zu bauen, das in unheiliger Allianz mit dem Neubau der Raika und dem der Post jene Spannung zerbricht, die sich in jahrhundertelangem Errichten von Häusern in und um unsere Dörfer aufgebaut hat.
Als Katalysatoren wirken Bürgermeister, welche die Gemeindezusammenlegung zu regionalen Potentaten gemacht hat. Jetzt können sie sich im Namen der Kultur, zu Amtszeiten schon, auf Mitbürgerkosten ihre Denkmäler errichten.
Kulturverbündete sind auch die Räte unserer Städte. Etwa jene, die zugelassen haben, daß aus der schönen Draustadt Villach und der historischen Landschaft des Villacher Beckens ein von Autobahnen und Flußverbauungen gefesselter Talboden voller scheußlicher Industrie-, Geschäfts- und Wohnblöcke wurde. Oder jene Räte, die uns um Klagenfurt in der einzigen noch nicht modernisierten Landschaft die Autobahnlücke zubetonieren.

Die Kultur im Sinn haben auch die Landtagsabgeordneten, die den 1,1 Milliarden-Rettungsversuch für das Zellstoffwerk Magdalen nicht verhindert haben, obwohl von Anfang an klar war, daß das Werk nicht sanierbar sein würde. Und auch jene Landesregierungsmitglieder, die »Ja« zu Magdalen gesagt haben, tragen Kultur im Sinn.

Kultur wird gefördert wie nie. Wir Kunstschaffenden sollten zufrieden sein. Oder sollten wir nicht?

Das Durchschnittseinkommen der Autoren ist in den letzten Jahren ständig gesunken. Die Zahl der mit öffentlichen Geldern bezahlten Kulturbeamten und Kulturmanager ist ständig gestiegen.

Ein Blick ins Klagenfurter Kulturamt zeigt es: In den letzten Jahren war von der Ausbildung her das engste Verhältnis, das ein Amtsleiter zur Kunst hatte, ein Doktorat aus Geschichte. Inmitten von Juristen, Apothekern, Kaufleuten und neben Chorleitern, Bildnern jeder Art und was es sonst noch für Berufe unter Kulturbefaßten in Kärnten geben mag, kann man sich als Autor kaum vorstellen, wie es gewesen ist, mit dem Kunsthistoriker und Dichter Otto Maria P. über die kulturellen Anliegen im Lande zu sprechen.

Beamte und Politiker haben ein feines Gespür dafür, mit dem Konsum der Literatur könnte sich etwas zwischen sie und die Konsumenten schieben. So informieren sie sich aus anderen Quellen. Etwa aus den Tageszeitungen. Dort treffen sie auf kongeniale Partner, denn die Kulturjournalisten tun für die Leser, was die Kulturpolitiker für die Wähler tun: sie vermitteln ihre Vorstellungen von Kunst; sie erklären, was sie verstehen; sie animieren zu dem, was sie für richtig halten. Politiker und Journalisten versichern glaubwürdig, daß sie dies alles für die Kunst tun. Um das zu belegen, fallen sie gelegentlich übereinander her und ergreifen wütend Partei für und gegen. Längst weiß jeder bessere Werbefachmensch über die Möglichkeiten der modernen und postmodernen, der häßlichen und der schönen Ästhetik Bescheid. Aber die Tagesmedien tolerieren in Sachen Kunst eine Asynchronizität von mehreren Jahrzehnten, ja von ein oder zwei Jahrhunderten.

Kultur wird gefördert wie nie zuvor. Lohnt der Aufwand?

Wer immer gewinnen mag, Kärnten als Kulturland gewinnt nicht. Nichts hat sich geändert, seit im Landhaus die Fresken abgeschlagen, sie im Dom zu Maria Saal verhängt und am Klagenfurter Hauptbahnhof vor dem Zorn des Volkes versteckt worden sind.

Natürlich hat der wachsende Aufwand für

Kultur nichts geändert. Denn gefördert wird erprobte Massenware, gezuckert wird mit Festivals, garniert mit Spitzenleistungen der reproduzierenden Künste. Natürlich hat der Aufwand nichts gebracht, weil sich – wider Erwarten – die Kunst nicht zu einer Mehrheitsangelegenheit machen läßt, gleichgültig wie groß die Mittel, gleichgültig wie das ideologische Mäntelchen. Natürlich hat sich mit dem Aufwand nichts geändert, weil Kulturpolitik und Kulturjournalistik nicht zur Kenntnis nehmen, daß die Kategorie Kunst ihre Spitzenleistungen häufig außerhalb der Kategorie Moral findet.

Eine Kunst, die sich außerhalb der Gesellschaft, also außerhalb der Moral bewegt, um von dort aus das Beobachtete zu verdichten, wird – gleichgültig wie diszipliniert sie auch formal sein mag – vom auf Sicherheit bedachten Bürger und vom auf Macht bedachten Politiker als bedrohlich empfunden. So ist es denn ganz folgerichtig, wenn die Wiener Kulturstadträtin Ursula Pasterk in Alpbach bei den Europäischen Gesprächen über den Einsatz des riesigen Wiener Kulturbudgets sagte: »Kulturpolitik muß das Anarchische der Kunst domestizieren«. Dem ist als Erläuterung der Zielsetzung öffentlicher Kunstförderung nichts hinzuzufügen.

Als Autorin, meine Damen und Herren Politiker, Beamte und Journalisten, kann ich Ihnen nach solchem Mordanschlag auf die Kunst und den täglichen Anschlägen auf das Kreative in diesem Land nur zurufen: Fördern Sie, was Sie und die Mehrheit wünschen, die Festivals und die Chöre, das Kinderkriegen und das Wettlesen im Klagenfurter ORF-Theater, die Verhüttelung und den nächsten Bildband des Landes, Herbert von K.s Video-CDs und die zehnmillionste Nächtigung, oder auch die längst fällige Studie über die authentische Rocklänge des Kärntner Dirndls, aber, bitte, schlagen Sie sich die Förderung der Kunst aus dem Kopf! Erwürgen Sie uns nicht mit bürokratisch überfrachteten Almosen und journalistisch vebrämten Würdigungen zur heimlichen Domestizierung! Verschonen Sie uns mit Ihren geld- und textspendenden Händen, mit denen Sie meinen, uns vor uns selber und voreinander schützen zu müssen! Ersticken Sie uns nicht wohlwollend in der Nische, die die Verfassung der Kunst garantiert, indem sie ständig selber definieren, was Kunst ist und was nicht, sondern verhindern Sie endlich die ständige Zensur, die in Österreich gegen Kunstwerke betrieben wird!

Sie mögen in dem, was Sie als Chaos empfinden, ein Kulturförderungsgesetz willkommen heißen. Die Kunst braucht jedoch kein Kunstförderungsgesetz. Wir brauchen, was jedem anderen Produzenten in Österreich zusteht: die Bezahlung unserer Arbeit und die Bezahlung der Nutzung unserer Werke.

Aber da Sie nun schon eine Menge unserer Steuergelder für die Kunst- und Kulturförderung ausgeben, fordere ich Sie – nun nicht mehr nur in den Büros der Kulturpolitiker und Kulturbeamten – in aller Öffentlichkeit auf, endlich verbindlich festzuschreiben, wer in Kärnten was wofür bekommen kann. Wie um diese Gelder angesucht werden muß, wer nach welchen Kriterien über die Vergabe entscheidet, und wie die Gelder in welchem Fall abzurechnen sind. Denn so wie bisher, daß die Mittel nach Gutdünken und Genehmheit vergeben werden, ohne daß Kritierien erkennbar wären, kann es nicht weitergehen.

Zu viele Leichen guter Kunstinitiativen liegen herum in Kärnten, nur weil mündliche Zusagen von Beamten und Politikern einfach nicht eingehalten werden. Der »Kärntner Frühling«, für die Literatur in Österreich weit wichtiger als das Wettlesen im ORF, hinterließ nicht nur einige unbezahlte Teilnehmer, sondern drängte Del V. in das fast kriminelle Eck der Verschuldung. Er ist ein gewichtiges Beispiel für das Risiko, in Kärnten eine Kunstinitiative zu ergreifen.

Applaus, höflicher Applaus.

Fred D. verteidigt die Journalisten im ORF: Jede Einsendung eines Kärntner Autors würde beantwortet! (Auf ihrem Schreibtisch liegen Beschwerden von Kollegen, sie hätten keine, auch keine negative, Antwort bekommen; sie hat zwei Jahre zuvor Manuskripte eingeschickt: keine Antwort.) Klaus A. geht auf das hiesige Kulturklima nicht ein, statt dessen fordert er finanzielle Unterstützung für die Lesereihe, die er mitveranstaltet. (Kärntner Talente werden für diese Lesungen keine gesucht, was nicht verwundert, finden sie doch in einer Buchhandlung statt.) Einer steht in der Debatte auf und fügt dem Referat Entsprechendes hinzu: Es ist der Autor Gösta M. (Er wird in den kommenden Jahren mit optimistischem Einsatz die Arbeit für die Kärntner Autoren weiterführen.)
Der Autor Ingram H. »im Hintergrund«, so »Second Land«, »wirft dem Podium seidenweichen Dreck vor, wunderbar ...«. Ingram H. wirft noch einmal an diesem Abend – und nicht seidenweich; die Podiumsdiskussion geht dem statutengemäßen Wahlabend der IG-Autoren in Kärnten voraus: Als sie bekannt gibt, daß sie nicht mehr kandidiere und Gö-

sta M. zur Wahl vorschlägt, ist Ingram H. empört. Das sei ja undemokratisch, maßregelt er, der kaum einer Einladung zu den Autorentreffen der letzten Jahre gefolgt ist.

Mein Teil am seidenweichen Dreck hat zumindest einen Erfolg: Gösta M. bekommt für die Lesereihe Kärntner Autoren, die er einrichtet, Mittel für Honorare nicht nur zugesagt, sondern auch ausgezahlt. Er tut sich mit dem Klagenfurter Verein (auch da viel ehrenamtliche Arbeit) zusammen, der sich seit fast zwei Jahrzehnten um das Erbe Robert M.s bemüht. Gösta M. wird Geburtshelfer für ein Novum: Die Stadt Klagenfurt beginnt, zögerlich, aber doch, auch weibliche und slowenischsprachige Autoren, nicht an gesonderten Orten, sondern dort zu hören, wo ein Kärntner Literaturhaus im Entstehen ist, dort, ab vom Zentrum, beim Hauptbahnhof, wo Robert M. zur Welt gekommen ist.

Dann, Ende 1993, verdorrt das zarte Pflänzchen. Denn Privatinitiativen sind verdächtig, besonders, wenn sie wie das Robert-M.-Archiv öffentliche Mittel bekommen, aber der Kontrollzugriff beschränkt ist. Obendrein – die jährlichen Robert-M.-Tage, durchaus fachbesetzt, unbesehen – ist die Pflege großer Dichter als Laiensorge der Wissenschaft verdächtig. Die gerade erst Materie-Form gewinnende Idee eines Literaturhauses im Archiv gerät zwischen die Fronten Wissenschaft und Politik. (Über die Rolle, die der für seine Arbeit im Archiv bezahlte Josef St. dabei inne hatte, wird der immer gut informierte Manfred M. in der Kärnten-Chronik »Second Land II« spekulieren.) Jedenfalls wird das Archiv mitsamt der jungen Begegnungsstätte heimischer Autoren und Leser zugesperrt. Großes ist im Kommen. Mit Millionenaufwand soll aus dem kleinen altmodischen Archiv ein ordentliches wissenschaftliches Institut unter der fachgerechten Leitung von Klaus A. gebaut werden. Bis es so weit ist, arbeitet es an der Uni (und das M.-Haus, versehen mit neuen Schlössern, beschränkt sich inzwischen musealfunktional). Das ist alles gut und recht.

Auf der Strecke bleibt – zum wievielten Male? – eine Initiative Kärntner Autoren, diesmal eine von Gösta M. Und wieder fällt seitens der Literatur- und Kulturpolitikbefaßten der Hinweis, das neue Institut werde ja sowieso den Autoren offen stehen und Lesungen veranstalten. Und zwar professionell. Gehört es zu den Pflichten eines Künstlers, daß er professionell agiert, auch außerhalb seiner Arbeit, in Gösta M.s Fall, dem Schreiben? Was ist der Fall, wenn jemand professionell ist? Der Fall der Normalität ist es, daß Künstler im öffentlichen Raum nicht professionell sind. Sie sollen das Professionelle den Professionellen überlassen. (Oder auch nicht: Gösta M. beschied man, als hätte er nicht schon einen Ort für ein Literaturhaus bewohnbar gemacht, er könne ja um Räume – am selben Ort – für die Kärntner Literatenvereinigungen ansuchen.) Der Fall ist, Künstler wissen nur, was sie tun, wenn es um die künstlerische Arbeit geht, das andere müssen andere für sie besorgen. Und wie es besorgt wird! Mich erstaunt, daß die Entmündigungsfälle künstlerischer Existenzen nicht häufiger sind.

Die Nähe macht mein Herz verrückt. Das der anderen nicht: Zum Jahreswechsel 1994/95 muß Gösta M. in der »Kleinen Zeitung« daran erinnern, wie die Umstände der Schließung des Archivs wirklich lagen. Ein Jahr genügt, das Gedächtnis der Öffentlichkeit zu löschen. Nichts wiegt leichter als Auslöschung. Es wundert nicht, wer *für immer dieses Land verläßt*. Ich gehe und komme, immer wieder. Ich gehe auch in den Rapunzelturm und schlinge dann und wann ein schwarzes Haar. Weil ich das Fürchten in meinem ersten Land gelernt habe.

Betroffen von ihrem Referat zeigt sich der Kulturpolitiker der Stadt Klagenfurt, Siegbert M. Er, der alles in seiner

Macht Stehende tue! Sie erinnert ihn daran, daß er bei der Räumung der jugendlich- und kunstbesetzten Reitschulgasse (der, weil für die Uni gewonnen, in Kärnten lebende Alois B. hat ihr mit dem Roman »Altenehrung« ein hellsichtiges Denkmal gesetzt), eben just jenes Gebäude, in dem sie jetzt diskutieren, zugesagt habe, bei der Renovierung die hiesigen Autoren zu berücksichtigen. Siegbert M. versprach einen Raum, in dem Autoren gegen Anmeldung eine Schreibmaschine und Ruhe finden würden – gerade für Küchentischautorinnen ein Wunschort. Wo ist der zeitweis eigene Raum geblieben? Es wäre eben nicht durchzusetzen gewesen, schmollt der Stadtrat. (Was durchzusetzen war: ein Schreibatelier. Klagenfurt ist unter die Kulturstädte mit eigenem Stadtschreiber aufgerückt.)

Inmitten der heftigen Diskussion sitzen die wenigen Kunstfrauen eher verschreckt und sind eher besänftigend, wenn sie die Sprache finden. Am Tag danach ruft Christine de Pauli, die zwar den Kunstverein nicht übernommen hat, aber viel und wenig bedankt für ihn arbeitet, besorgt bei der Referentin an. Sie will wissen, ob *sie* denn so unglücklich sei, daß sie so wild um sich schlage.

Die Freilandhenne wurde plaziert, wo sie hingehört: in den Hendlstall. Eine Frau schlägt nur um sich, wenn sie unglücklich ist. Diese Interpretation hätte nicht nur Manfred M. gefallen. Sie bestimmt auch die Geläufigkeit von Erich F.s Interpretation von »Böhmen liegt am Meer«. Die Schule der Geläufigkeit hat etwas mit Läufigkeit zu tun. Das Gedicht, so Erich F., entspreche genau der Stimmung, in der er Ingeborg Bachmann in London angetroffen habe: »– kurz nach einer schmerzlichen Trennung –«. Die N-wie-in-«Normalität«-Regel: Der liebe Gott verlangt von Musen den Verzicht auf Privatleben. Denn der Mann schreibt, weil er denkt; die Frau, weil sie ein läufiges Emotionsbündel ist.

Liebe Schneehühner, Ihr erfahrt es doch täglich, solange Ihr als bespringbar eingeschätzt werdet: Ständig läufig sind die Männer. Sie laufen nach, vom sprachlichen Übergriff und dem Gelegenheitshingriff bis zum Zwangsuntergriff. Es gilt, ihren Samen – nein, es ist nur Blütenstaub – zu streuen. Die Vulvaträgerinnen sind wählerisch. Dauernde Läufigkeit wäre, was immer Anthropologen über verdeckte Ovulation sagen, angesichts des Aufwandes zu teuer. Ihr wißt ja, was für ein Kind alles getan werden muß, nachdem schon das, was die Frau dem Samen beisteuert, unvergleichlich mehr ist, als das, was im

Blütenstaub mitgebracht wird. Deshalb flirten Frauen wählerisch. Die Herren der Sprache aber erkennen, im Gegensatz zum Schimpansen, die Zeichen nicht mehr. Sachinteresse, Anteilnahme oder simple Höflichkeit, die von Frauen kommen, werden regelmäßig als Einladung zur Bestäubung gelesen. Ihr erlebt es doch, Schneehühner: Von einem Flirt im reinen Sein der Sprache gar nicht zu reden. Das ist dem heterosexuellen Mann ein Buch mit sieben mal sieben Siegeln, dessen Existenzmöglichkeit er bestreitet.

Ich grabe in meiner Höhle am Geröll der Moräne. Welche Meisterleistung der Paradigmen: Eine Handvoll weggeräumt, und schon rinnt es von allen Seiten nach. Hoffnungsvoll, weil ein Steinberg – daß Männer den Frauen ihre fertigen Kinder in den Bauch pflanzen – schon weggeräumt ist (er hat sich heute anderswo in den Forschungslabors wieder aufgebaut), steige ich vom ausgetretenen Schottersteig herunter, beginne schneller zu arbeiten, aber wenn ich zu ungeduldig bin, reißt mich die Moräne mit.

Denn jedes Kind lernt in der Schule, daß das, was den Mensch zum Menschen macht, das Werkzeug sei. Falsch! Werkzeug: jene Räder, Maschinen und Kraftwerke, die den Mann lediglich auf eine Stufe stellen mit dem Vogel, der mit einem

Stäbchen die Würmer aus der Baumrinde holt, mit dem Biber, dessen Dämme Flüsse in Stauseen verwandeln, mit dem Schimpansen, der einen besonderen Stein verwendet, um Nüsse zu knacken. Habt Ihr heute gekocht, Ihr Schneehühner? Bravo, denn das macht Euch kein anderes Tier nach, aber dem Schimpansen schmeckt, was Ihr zubereitet.

Denn lehrend wird vermutet, Sprache sei mit den scharfen Zurufen unter den Brotbringern bei der Gruppenjagd entstanden. Gruppenjagd kennen andere Tiere auch, geleitet von Löwinnen und Hyänenweibern etwa. Und hochdifferenzierte Zurufe – warum kommt welches Tier da? – sind auch bei anderen Affentieren zu finden. Die Brotbringer, die Herren der Jagdgesellschaft, die uns so gerne – manchmal sogar als Macho-Urhorde inklusive Chefablöse durch Mord – als Wiege der Menschheit hingestellt werden, sorgten nur für das Sonntagsfleisch. Wie die Schimpansenmänner. Es war eine Sammlergesellschaft, die gelegentlich jagte, und keine Jagdgesellschaft, die auch sammelte. Den alltäglichen Brotkorb füllten die Sammlerweiber zusammen mit ihrem Nachwuchs, während sich die Männer im Wirtshausäquivalent herumtrieben und Bündisches trainierten. Habt Ihr heute, Schneehühner, wieder mehr Zeit als die Väter eingesetzt, um mit den Kindern zu sprechen? Bravo, denn die Wiege der Kultur, läßt sich weit logischer vermuten, ist die Wiege der Menschenkinder in der Frauengruppe. Die sich verlangsamende Reifung der kleinen Fratzen machte die Pflege zunehmend aufwendiger und brachte solche Scherereien, daß Sprache bei der Sozialisation ungemein half. (Entsprechend heftig ist die Wechselwirkung von Ausdrucksverfeinerung und sich verlangsamender Reifung. Allerdings bedingt kunstvolle Eloquenz keineswegs ein ausgereiftes Exemplar des homo sapiens sapiens. So übe ich manchmal das Entsprachungsspiel.) Solch investitionspralle Erziehung, liebe Schneehühner, macht Euch kein anderes Tier nach. Aber der Schimpanse läßt sie gerne über sich ergehen.

Einer Forscherfrau kommt leicht ein Zeichen, wenn sie dem Schimpansen ein Zeichen gibt, und Papageien nehmen gerne ihre Wörter an. Dennoch sind wir Frauen nach Jacques L. zweifach dezentriert, weil auch die Vulvaträgerinnen durch die Phallussprache müssen. Wie plagt sich damit *im Kellerland der kalten neuen Zeit* Julia Kristeva in ihrem lichtvollen Text »Die Revolution der poetischen Sprache«!

Doppelt dezentriert? Zweifach daneben stehend? Das läßt sich bei den vielen sozialen und poetischen Ichs, die um und im

Schreiben als *unbeschuhte Geister* weben, schon aushalten. Oder doch nicht? »Der wirkliche Ichverlust schien ihr Vorbedingung für ein weiteres Leben ...«, schreibt Erich F., der von einem Sprach-Werk sprechen soll, über die Person Ingeborg Bachmann. Es ist die Abwesenheit nicht dieses von Erich F. fälschlich bezeichneten Ich. Es ist auch die Abwesenheit nicht eines poetischen Ich, von dessen elementarer Gegenwärtigkeit in »Böhmen liegt am Meer« Erich F. sprechen müßte. Es ist die Abwesenheit eines anderen besonderen Ich, die dafür sorgt, daß Autorinnen nicht der Fall sind.
Elfriede Jelinek erklärt das so: Sie habe beim Schreiben die Erkenntnis gemacht, »daß Frauen nie ganz da sind und nie ganz fort sind«. Sie überlegt zu dem, was sie ihre »Desorientierung« nennt: »Es wird wahrscheinlich ein Drittes sein, das man aus sich herauskatapultiert.«

Säulen, Arkaden tragend

Wo immer Eure Reise begann,
in den Tiefen des Alls,
vielleicht im Stürzen einer Sonne,
– jenseits von allem Jetzt –,
oder im Hitzekeim der Planeten,
wo immer Ihr hergekommen seid:
erdengebunden seid Ihr wie ich!

Hier seid Ihr, aus magmatischer Vergangenheit,
umgetrieben von Schichten und Verschiebungen,
ausgespiehen, aufgewirbelt und abgesunken,
in vielfältige Dichtefigurationen gepreßt,
zu Flüssigem aufgekocht und wieder erstarrt
in den erzählenden Kleidern äonenalter Kristalle.

Einmal freigegeben der Berührung,
dem Wasser, dem Wetter und dem Wind,
auch dem Licht der Gestirne,
der Wahrnehmung zugänglich, Hort
bescheidenen Zellen, bohrenden Flechten und Moosen,
ward Ihr der Gewalt offengelegt:
Der Laterne und Spitzhacke,
dem Hammer und Meißel,
um nur die geringsten der Zeuge zu nennen.

Säulen, Ihr, aus dem Zusammenhang gerissen –
vielfach, nicht nur der Natur,
der Vorstellung anheimgefallen, und
im Konkreten der Menschen gebunden –
vielfach auch hier, in dieser kurzen
Reise durch mehrere versteinerte Phantasien.

Ihr schuldet mir keine Treue!
In Eurer alten, vom Steinmetz gezügelten Ruhe
steht Ihr für anderen Sinn
als den Eurer einwohnenden Strukturen.
Und doch leihen diese,
des Steinmetz und der Erbauer Ideen
– wie das Firmament dem nächtlichen Himmel –
den Bögen die Form meines Herzens.

Meine Treue ist die: Wie ein Atemzug nur,
kaum ein Beistrich in Eurem Zeitenmaß,
verwesbar und rasch vergessen, spüre ich Euch,
bewahre ich Euch für einen einzigen Augenblick
das Wissen um Euer Sein und die Erinnerung
der Menschen kurze Spur an Eurem Leib.
Eurer langen Endlichkeit bin ich ein Spiegel bloß,
der im Brennpunkt des Sehens vergeht.

Ich lese in Peter H.s »Nachmittag eines Schriftstellers«. Ein Lehrbeispiel zu Elfriede Jelinek: die Frauen sind nie ganz da, die Frauen sind nie ganz fort; als das Andere, das Alter, die Schönheit, kommen sie bei Peter H. vor. Aber da steht noch mehr im Text. Peter H. erzählt, was er so tut, der Schriftsteller. Was ihm, der viele, dem täglichen Schreibpensum folgende Nachmittage zum post-schreib-konturierten Scherenschnitt eines Wintertages übereinanderlegt, in der Welt widerfährt, was ihn in die Nischen, Ecken und Fächer seines wichtigsten Bestandes treibt, in die erinnernde Wahrnehmung, die nutzbar ist. »Er« steht da meist, wo »ich«, Peter H., exerziert wird. Gemeint ist, wie der Autor selber mit einem Schuß Ironie erläutert, Er, ein Schriftsteller. Das Ich, das sich erinnert, was ihm persönlich geschehen ist, sagt Er-Ich, weil es von sich als einer besonderen Entität spricht.

Es ist ein Er-Ich sui generis, eine Art Überich der Kunst. Und wie das des Sigmund F. ist es ein Superman. »Art«, sagt Andy W., »is the name of a man.« Erich ist ohne Zweifel ein Männername. Sieich gibt es nicht, siech schon. Siech wie die Erinnerung an Baubo.

Auch Elias C., der in seinen Aufzeichnungen zwischen »er« und »ich« pendelt, wenn er von sich schreibt, verwendet dieses Er-Ich. Vladimir N. sagt in einem Sonett nach William Sh.: »Doch gäbe es von dir, von mir ein Kind auf Erden, du würdest zweifach überleben – im Sohn, in meinen Versen.«

»... freudianisch argumentiert, müßte man sagen, daß ich mich, indem ich schreibe, faktisch zum Mann gemacht habe –«, sagt Elfriede Jelinek. Sie weiß, wovon sie spricht. Der Satz von Adolf M. über Hans Henny J., »Der Mann, der durch die Annahme eines Frauennamens (Henny) sein Geschlecht verdoppelte, hat Stärkeres zu bieten als sexistische Skandale«, ist, auf Autorinnen angewandt, ohne Sinn. »Du bist«, sagte mein Großvater, »ein Mann in einem Frauenkörper.« Angesichts meines Protests erklärte er das Lob: »Du schreibst ja wie ein Mann!«

Um das Dilemma, auf das Autorinnen stoßen, weil sie als Autor nicht der Fall sind, hat schon die vor 300 Jahren verstorbene Dichterin Juana de Asbaje gewußt. Weil Verse keine Töchter sind, wählt sie als Madre Juana de la Cruz im Gedicht »Der erste Traum« als poetisches Ich Phaethon. So versteht das Abendland, wovon sie spricht (auch heute noch: Octavio P. betont in seiner Biographie Sor Juanas, sie habe lange vor den Franzosen in diesem Werk die Isolierung des modernen Individuums beschrieben). Juana de Asbaje beschreibt nicht nur das, der Sturz des Phaethon ist ihre Kollision mit Superman, mid-airs. Ingeborg Bachmann setzt für das gleiche Ereignis ihr – auch männliches – poetisches Ich in »Das dreißigste Jahr« in die Wiener Nationalbibliothek. Die Rede ist von einem Erleuchtungserlebnis, wofür es in der abendländischen Mystik ein reiches weibliches Erbe (und nicht nur das des Meister E., den die Liste der »Bücher des Lebens« nennt) gibt. Aber beide Texte sind eben keine mystischen. Sie bewegen sich nicht in den Himmeln der griechischen Götter und der Bücher, diese stehen für etwas anderes, für die Welt des Erich, in der die Dichterinnen schreiben.

Mag auch die Sprache von Erichs Blut aufgeplustert und in ein Kondom eingeschmolzen sein. Sigmund F. und Jacques L. geben zu, die weibliche Lust bleibe ihnen verschlossen. Blutaustausch ist möglich, das beste Kondom reißt. In meiner Höhle grabe ich mit Lust an der Moräne.

Wie stark das Verlangen ist! Marienerscheinungen stechen alle anderen im Abendland aus. Noch sagen die Madonnen, was Rom wünscht. Wenn die baubinischen Zwerge, angestachelt von Madonnas Glossolalie, den Grauwack und den Kreidestein zerreißen, werden die Anweisungen deutlicher lesbar sein.

Der Er-Ich-Sitz ist überall. Er bezeichnet einen besonderen Ort. Im ORF-Kunstradio, zum Beispiel, steckt er in der Reise eines Autors. Ingram H. besuchte New York. Hat noch nie jemand den Augapfel der USA besucht? Nein, denn Ingram H. weiß, was er erlebt und erinnert, ist nicht nur Material für die dichterische Verwandlung, sondern als »New-York-Aufenthalt eines Schriftstellers« Kunst per se. Alles, was Erich sieht, erlebt und denkt, ist mitteilungs- und zuhörpflichtig.

Ich habe am Er-Ich-Sitz nichts. Er bleibt eine Leersstelle, auch wenn ich in New York bin. Mein poetisches Ich vergeht im Brennpunkt des Sehens. Es ist im Alltag nur ein Echo, ein besonderes Erinnern, wie es ein besonderes Gedächtnis für Träume gibt. Erich ist immer Dichter, nicht nur beim Schreiben und in der Erinnerung.

Wie lebhaft sind die Gespräche im Klagenfurter Künstlercafé und anderswo gewesen, in den Jahren, in denen sie über Künstler berichtet hat: Woran sie arbeiten, warum sie arbeiten, wie sie arbeiten. Selbst Gert J. – die Mütter kennen einander, sie kennen einander aus der Schulzeit – hat sich zu Texterläuterungen hinreißen lassen. Jetzt tauschen sie Grüße. Kein Brot wird geteilt, und keiner bringt eine *Handvoll Himmel* mit. Denn an der Grenze von Erichland hat sie aufgehört Fragen zu stellen. Sie hat sich aus der Schule der Geläufigkeit hinauskatapultiert.

Das Land ist der Fall, und Erich beschreibt es. Erichs Land antwortet, wenn ich in die Sprache fasse. Suche ich im kulturellen Erbe, antworten – meist auch dann, wenn ich Fragen an Frauen stelle – große tote Erichs. Greift Peter H. ins Erbe, wird sein Land sichtbar. Die Welt. Über »Mein Jahr in der Niemandsbucht« schreibt Martin M.: »Er erzeugt das Bild der Schöpfung, wo Wiedererkennen herrscht ... ›Ein Buch lesen, welches die Welt neuweht‹ – wahrhaftig, so ist's. Langsam, langsam beginnen wir diese Welt wieder zu sehen.« Soweit die Seligsprechung für das Paradies von Erichlandia, die Heiligsprechung besorgen dann die Lexika.

Supermans Zeichenblitz schlägt in den Rapunzelturm. Donnernd rutscht in der Höhle das Geröll an den alten Ort. In der

Bewegung werden die Mütter freigelegt. Nein, nicht die Mütter des Herrn Geheimrat (wenn ich schon bei diesen wäre! der halbe Weg zu Baubo wäre getan!), die Mütter, die ihre eloquenten Söhne, auch den Herrn Geheimrat, wiederträumen, daß sie zumindest den Weg in den Paradieskreis finden.

Welt wird auch sichtbar, wenn Friederike Mayröcker über sich und ihre Wahrnehmung der Umwelt schreibt. Steht ihr dichterisches Gestaltungsvermögen nie in Frage, so ist es doch eine Welt, die für die Welt nicht der Fall ist. Ihre Werke zeigen es: Eulogien wie zu Peter H.s »Niemandsbucht« und zum Tode von Elias C. würdigen nicht ein Werk, sondern den Dichtersmann, der die Welt trägt. Dem Superman werden solcherart Opfer gebracht, damit Erichland erhalten bleibt.

Laßt, Autorinnen, die Ihr hier eintretet – und eintreten müßt Ihr – alle Hoffnung auf solche Opfergaben fahren. Die Höllenhunde erkennen Euch, Euch verwandt, wenn Ihr als underdog den Tschador über Eurer Wahrnehmung zerreißt, die Schnauze hebt, die verschwiegenen und verbotenen Gerüche wittert, und Euch im Gerüst, das die Welt bedeutet, verbeißt. Denn alle Kreise, auch der der Hölle, liegen in Erichs Reich.

In keinem Kreis findet sich das Dritte, von

dem Elfriede Jelinek vermutet, daß man es aus sich herauskatapultiert. Superman löscht. Die Auslöschung wird seit ein paar tausend Jahren eingeübt.

Seit sie sich erinnern kann, ist diese Stimme in ihrem Kopf. Sie schweigt nur, wenn *sie* sich im Lesen oder sonst verliert. Das wahllose Abstürzen in die Texte, das Glück im Rückzug vor der großen Familie, hinter und in die Bücher auf dem Kleiderschrank der Eltern, muß offenkundig gewesen sein. (Einer wird ihr die Literatur bis zur Matura nicht vergällen, sondern schmackhaft halten: der Deutschlehrer Hans S., der obendrein als Klassenvorstand für einige unübliche Demokratieübungen bei seinen Schülern sorgen wird.) Vladimir N. erzählt, wie er als Knabe schon lernte, diese Stimme als seine Schreibstimme zu erkennen, wie seine Lesewut daheim gezielt gepflegt wurde. Das kleine, von Grimassen, Rollenspielen und Erzählungen sprudelnde Mädchen – sie kennt es nur aus familienfremden Erzählungen – wird, wenn überhaupt, denn es will ja wie die anderen sein, von den älteren Geschwistern erzogen. Und daran erinnert sie sich: »Dein Gesicht wird dir stecken bleiben!« »Übertreib doch nicht so!« Grimassenlosigkeit und

fanatische Faktentreue werden sie in den Journalismus führen.
Nein, die Eltern haben sie nicht gebremst. (Gedichte wurden jedoch nicht eingemahnt. Zwar fuhr auch der Schüler, der sie war, unter familiärer Obsorge ferienhalber nach Heiligenblut, aber Berichte über solche Reisen – zwecks Weiterbildung der Prosa – wurden nicht wie vom Vater Arthur Sch.s pro Reisetag mit zehn oder zwanzig Kreuzern Schreiblohn vorangetrieben. Stattdessen wurden an die Eltern gerichtete Briefe in väterlichen Herrenrunden verlesen, was den Reiseberichten ob des narzißtischen Schocks der Schreiberin den Garaus machte.) Gefördert wird das Engagement im und für den Journalismus. Sie wird tatkräftig unterstützt von den Familienfrauen, Mutter, Schwestern, der Schwägerin, mit den immer notwendigen Babysitterdiensten.
Nach einigen Jahren in ihrem Traumberuf schreckt sie die Vorstellung von einer Riesenkrake, die die Blausäure für ihren schwarzen Lebenssaft vom Blut anderer erschreiben muß, auf. Nein, sie ersaugt nichts. Nichts strömt ihr zu. Sie ist ein immer schlechter gewartetes, immer präziser funktionierendes Umspannwerk für die Stimmen der anderen. Die Stimme in ihrem Kopf schweigt.

Sie macht sich auf die Suche. Sie braucht ein halbes Dutzend Jahre, um für die Frage nach dem Beruf die Antwort »Autorin« zu besetzen. Aber es ist schon so weit, als ihr die Mutter, die sie nach vielem, aber nicht nach dem Glockenläuten fragen kann, ein Versprechen abnimmt: Die Bibliothek ihrer Kindheit, auch der Teil, der des zwei Jahrzehnte zuvor verstorbenen Vaters ist, die Bibliothek, die unter den Händen der Germanistenmutter gewachsen ist, sie soll dafür sorgen, daß sie der jüngste Bruder bekommt. Die Mutter träumt den Sohn wieder. Nach dem Tod der Mutter sucht der Bruder aus, was er goutiert. Alles andere wandert auf den Flohmarkt. Was er ausgesucht hat, steht auf dem Dachboden. (Wiedergeträumt hat die Mutter einmal eine Frau: Von der Jugendfreundin Edith Meidl, mit der zu Schulzeiten manch emanzipatorische Zigarette geteilt worden ist, führt der Qualm direkt zu deren Dichtersohn Wolfgang B. und zu ihr, zur jüngsten Tochter. Diese ist mit dem Namen zufrieden, denn für Tante Edith, mit deren Familie ihre Familie in ihrer Kindheit besondere Tage verbringt, ist sie gerne die Wiederholung.)

Weil es kein Sie-Ich gibt, bin ich in Erichlandia zwar nützlich, aber nicht ganz da. Mein poetisches Ich ist unverankert. Es vergeht schon im Sehen. Dem Dichtersmann vergeht gar nichts. Sein Er-Ich ist auch im sozialen Ich fest verankert. Es ist kein unverankertes Schiff. Und so kann Erich F. eine der Delikatessen in »Böhmen liegt am Meer« – tränenverblendet vor lauter Bachmannschem Unglück – übersehen und übergehen. *Kommt her, ihr Böhmen alle, Seefahrer, Hafenhuren und Schiffe / unverankert* heißt es da. Eine Sache ist unter Personen gereiht. Eine magische Sache moderner Lyrik, Arthur R.s »Bateau Ivre«.

Verankert ist mein soziales Ich in Kärnten. Das ist der Fall. Keine Emigration hebt diesen Anker. Keine Rückkehr lichtet sein Gewicht. Die Kette läuft stracks durch den Rapunzelturm und durch die Höhle in die Untiefen.

> Sie wird, erst wenige Wochen aus der Schweiz zurück, mit dem Ortstafelstreit – den Unruhen um die Aufstellung zweisprachiger Schilder – konfrontiert. Bei einer Kundgebung auf dem Alten Platz in Klagenfurt erlebt sie, wie slowenischsprachige Kärntner mit dem Kärntner Heimatlied niedergebrüllt werden. Es war doch der Anteil der Slowenischkärntner Stimmen, der 1920 den Ausschlag gab, daß auch die südliche Abstimmungszone bei Österreich blieb! Sie

geht, vom Haß unvorbereitet getroffen, zur Redaktion zurück.
Am Neuen Platz diskutieren kleine Gruppen. Ein Satz sticht heraus: »Kauft's euch doch eine einfache Fahrkarte nach Laibach, wenn es euch hier nicht paßt!« So ein gestandenes, wie sich herausstellt, auch Slowenisch sprechendes Deutschkärntner Mannsbild zu zwei Schülerinnen des slowenischen Gymnasiums, also zu zwei auch Deutsch sprechenden Slowenischkärntnerinnen. Sie muß hinkünftig die Kärntner Landeshymne ja nicht mehr mitsingen, aber das geht zu weit! Sie – gerade zurück aus Appenzell, wo die Frauen noch immer nicht stimmberechtigt sind, weil der Hauptplatz nur groß genug ist, die erwachsenen Appenzeller Mannsbilder zu fassen – beginnt mit dem Kärntner Mann zu diskutieren und sagt ihm, die beiden Mädchen seien ebenso hier zuhause wie er. Jetzt interessieren ihn die Schülerinnen nicht mehr. »Glaub ja nicht«, antwortet er, »daß ich nicht hinhau, nur weil du eine Frau bist!« »Tun Sie's doch«, gibt sie, die wieder auf dem Pausengang in der Realschule steht, zurück.
Plötzlich erscheinen Schutzengel, appropriat verpackt als baumlange Kerle, rechts und links von ihr. »Brauchen Sie

Hilfe?« fragt der eine der beiden Sportredakteure, die auch auf dem Rückweg in die Redaktion sind. Die Schülerinnen lachen erleichtert, das Mannsbild räumt wortlos seine Drohgebärde. Und sie hat gelernt: Die Kärntner »Urangst« ist kein Gespenst. Sie hat es gelernt, ohne daß ihre Brille kaputt geschlagen ist, und ohne daß ihre Nase blutet.

Landnahme
Abgesondert an den
geselligen Orten,
ausgeschlossen vom
Rufen der Glocken,
erzwungener Blick
auf Lingampfeile.

Ins Weideland kam ich,
als es schon Nacht war.
Kindheit.
Abgefeimte Erinnerung,
klebriges Sehnen.

Ein Horn stak im Land.
Ertaubt für die
herrlichen Wörter,
vom Leittier verrannt.
Machtwortlos.

Fremd sogar unter meinesgleichen
und längst abhold
dem Kindergeschrei.

Mein Schreien ist es.
Es drängt mich
zu den hochsicheren Räumen.
Fremder Stamm sind wir
heute dem Sonnenplaneten.
Austreibung aus einem
anderen Paradiese.

Die Liebe graste nicht mehr,
die Glocken waren verhallt
und die Büschel verhärmt.

Doch nicht erblindet.
Ich sehe das Horn,
Ins Dunkel gerammt.

Da ich von meiner Höhle noch nichts wußte, arbeitete ich mein Sündenregister zwar steinig, aber nicht speläologisch, auf den Stufen der Tscheppaschlucht ab.

Ich habe die Zeichen gesehen, aber nicht gelesen.

Die mütterlichen Großeltern, Familienname Setz (eingedeutschte Variante des slowenischen »Zajec«), die hochdeutsch sprechen und die die slowenischen Sendungen im Radio hören, aber mir, dem Kind, nicht sagen, wovon die Rede ist. Die allgemeine Befriedigung, als in irgendwelchen Pflichtschulen das Fach Slowenisch für alle abgeschafft wird, die bis zu mir, dem Kind, dringt.

Das Verwelken der Klassenfreundschaft mit dem aus Laibach/Ljubljana zugezogenen Geschwisterpaar, als diese nach einiger Zeit aus unserer Klasse ins slowenische Gymnasium versetzt werden – in den Nachmittagsunterricht im selben Schulgebäude, in eine Klasse am selben Gang.

Der Hof an der Grenze, von dem die Großmutter mütterlicherseits stammt. »Ich Max Sigmund des Heil. Röm. Reichs Graf von Thurn und Vallesaßina, Freyherr zu Kreutz und Oberstein, Herr auf Pleyburg und Rathmannstorf, Herr deren Herrschaften Planckenstein, Lechen, und Gradisch ... Erb=Land=Hofmeister in Crain, und der Windischen March, auch Erb=Marschall der Fürst. Grafschaft Görtz ...«, heißt es in der Urkunde, mit welcher der Grundherr meinem Vorfahr, dem »ehrbaren und arbeitsamen Arne Pölts«, für sich und alle seine Nachkommen den Kauf der »Madre Hueben« mitsamt Grund und Boden und die freie Verfügung darüber bestätigt. So gräflich besiegelt am 19. März (dem Josefi-Tag, an dem meine Pölz-Großmutter 1893 zur Welt gekommen ist und meine Eltern 1938 geheiratet haben) des Jahres 1774. »Beim Madre«, sagte die Großmutter, trotz ihres Hochdeutsch mit einem der ins »O« abwandernden Kärntner »A«, wenn sie vom Hof sprach, der auch »vulgo Wölbl« heißt, weil er am Wölbl-Bach

gelegen ist. Alle konnten sie Slowenisch dort, aber dann wird zunehmend Deutsch gesprochen. Denn der Erste Weltkrieg spaltet nicht nur die Gebiete, über die 1774 Sigmund herrschte, der Wölbl-Bach wird zur Grenze. Es ist eine Grenze mitten durch die Sippe, so daß auch der alte Kärntner Ort an dem einen Fluß, in dem meine Mutter zur Welt gekommen ist, nach dem späteren Jugoslawien verwiesen wird. (Nicht nur die Sippe gerät so – nach und nach in »Deutsche« und in »Slowenische« getrennt – in diese neue Grenze, die »Madre Hueben« selber, der geruhsame Unterkärntner Hof mit den kleinen freundlichen Fenstern in dunklen Balken, den Blumen auf dem Holzgeländer und der getäfelten Gaststube, gerät nach dem Zweiten Weltkrieg ins Niemandsland, wird von staatswegen abgerissen und an anderer Stelle durch einen Neubau ersetzt.)
Ich habe die Zeichen gelesen, aber ihre Bedeutung mißachtet.

Als ich über der (nie fertiggeschriebenen) Dissertation zur Plöckenpaßgrenze saß, war eines der Standardwerke die kleine Geschichte Kärntens von Rudolf E., der sich damals um die römischen Ausgrabungen am Magdalensberg verdient machte. Schon mit Quellen und anderer Sekundärliteratur vertraut, fand ich in E.s Büchlein eine Tendenz, die so manchem anderen Geschichtsbuch widersprach. Rudolf E. argumentierte, als sei Noricum mediterraneum nach dem Abzug der römischen Verwaltung ein menschenleerer Raum gewesen. Nach Rudolf E., dachte ich auf meinem harten Sessel in der Universitätsbibliothek sitzend, hat der Raum nur auf die Germanen, die Bajuwaren aus dem Norden, gewartet, aber leider kommen ihm – dem Raum und Rudolf E. – aus dem Südosten, Route unbekannt, irgendwelche Slawen dazwischen.

Ich habe die Bedeutung der Aktualität der Zeichen unterschätzt.

Die Zeichen betreffen die »Urangst« hier und heute. 1918 standen tatsächlich slowenische Freischärler und dann reguläre südslawische Truppen im Land; es gab den Kärntner Abwehrkampf (umstritten ist unter Historikern, ob er ausschlaggebend für die international verordnete Abstimmung war); 1945, als Titos Partisanen gleichzeitig mit den Engländern Klagenfurt erreichen, kommt es zur scheinbaren Wiederholung (in diesem Fall wird jedoch verdrängt, daß das nationalsozialistische Großdeutschland der brutale Angreifer war). Mit Texten wie dem von Rudolf E., der stellvertretend für andere in Kärnten stehen mag, wird die »Urangst« in die schriftquellenlose Zeit des sechsten Jahrhunderts zurückverlegt. Der Trick dabei:

Nicht das Slowenische wurde nach und nach im gesamten Raum, ehemals Noricum, dann Karantanien genannt, zurückgedrängt, sondern von Anfang an seien es die Slawen gewesen, welche die Germanen bedroht hätten.

Diese völkisch-deutsche Geschichtsschreibung (welche mit anderen wirren Ideen auch die populärwissenschaftliche Variante inspiriert, die 1995 von der »Bajuwarischen Befreiungsarmee« verlautbart wird) beginnt nicht mit der Nationalstaatsidee – man blättere in den Jahrgängen der historischen Abteilung der »Carinthia« im 19. Jahrhundert! Da lag die Wirklichkeit der Monarchie quer, so daß noch in Lehrbüchern von 1916 die Völker zwar schon als eigene Körper begriffen, aber eins wie das andere behandelt werden. Historiographischer Unsinn, wie der Rudolf E.s, wird zwar in Kärnten nach dem Schock von 1918 in der Zwischenkriegszeit vorbereitet, aber von den historischen Forschungen zur endgültigen Festlegung der Südgrenze Kärntens, die erst in den dreißiger Jahren erfolgt, unterlaufen (die Materialien dazu liegen im Landesarchiv, zum Teil nicht aufgearbeitet und nicht publiziert).

Der Sonderfall Kärnten ist, daß solch deutsch-völkische Geschichtsschreibung nicht nur unter dem Naziregime, sondern vor allem nach dem Zweiten Weltkrieg dramatisches Gewicht erhält. Erst jetzt wandelt sich, um mit dem eminenten US-Sozialwissenschaftler Clifford G. zu formulieren, die »Einheit einer Kultur mit zwei Sprachen« zu einem Sprachkonflikt, zum Haß der Deutschsprachigen auf die Slowenischsprachigen. Als müßte das Land, das zugesehen hat, wie slowenische Familien – nicht nur mit Partisanensöhnen, sondern auch mit Söhnen für Hitlerdeutschland an der Front – ausgesiedelt worden sind, seinem schlechten Gewissen Luft machen. Als müßte das Land – eine Kultur mit zwei Sprachen – das Wissen löschen, daß man ganz Kärnten hätte aussiedeln müssen, um es rein deutsch zu machen. War es der Neid auf die lächerlichen Entschädigungen, die einige slowenischsprachige Familien ausbezahlt bekamen? War es die Angst vor dem, angesichts des rapiden Rückganges des Slowenischen jetzt doch erwachten, sprachlichen Selbstbewußtseins der Minderheit?

Ethnopsychoanalytiker würden von einem Rückfall der Mehrheit in einen frühkindlichen Allmachtswahn und der Angst vor seiner Nichterfüllung sprechen. Das nennen sie einen plötzlich auftretenden »Atavismus«. Aber »Atavismus« klingt wie eine Entschuldigung für die Erfindung einer vierzehn Jahrhunderte alten »Urangst«, weil der Begriff, wie es das psychoanalytische Erklärungmodell, so psychologisch einleuchtend es auch sein mag, häufig tut, die geschichtliche Gewachsenheit eines Zustandes ausklammert.

Anfang der achtziger Jahre besucht ihr Sohn für mehrere Wochen das Gymnasium in Völkermarkt. Die Bemerkungen gegen die slowenischsprachigen Mitschüler empfindet er als derart bösartig, daß er von ihr genau wissen will, wie groß sein »Slowenenanteil« sei. Er will den Mitschülern sagen, sie beschimpften auch ihn, den Deutschsprachigen, wenn es gegen die Slowenischsprachigen geht. Die übliche Monarchiemischung, sagt sie ihm, davon etwa ein Viertel (wer weiß das schon genau bei einer Kultur mit zwei Sprachen, der Name Arne Pölts steckt auch in diesem Viertel – soviel zu »etwa«) slowenischsprachige Vorfahren, auch ein Schuß Frankreich (in napoleonischen Zeiten unter dem Namen Demár nach Illyrien verpflanzt), Italien seitens seiner Rizzi-Großmutter und Norddeutschland seitens seines Großvaters väterlicherseits. (Einige dieser Zweige der Vorfahren ihres Sohnes weiß sie aus dem »Ahnenpaß«, den die Mutter artgemäß für die unter Hitlerherrschaft besiegelte neue Geschlechterverbindung recherchiert hat.) Der Dreizehnjährige ist zufrieden.

Wer weiß, wann sie dem Land die Grenzen zogen / und um die Kiefern Stacheldrahtverhau? wird im Kärnten-Gedicht von Ingeborg Bachmann gefragt. Sie weiß es: Im Ersten Weltkrieg. Und: *Der Wildbach hat die Zündschnur ausgetreten, / der Fuchs vertrieb den Sprengstoff aus dem Bau.* Grenze, granica, ist ein spätes Lehnwort, das den Weg über Polen in den deutschen Sprachraum macht. Es meint »Pflock für Pflock setzen«. Früher, erläutert der Historiker Herwig W., sprach man von »Marken«, ein Raum wurde von seinem Zentrum her und nicht, wie heute, von präzisen Grenzen (Clifford G. nennt das »die absolute Landkarte«) aus nach innen beschrieben. Solche Zentren waren Jahrtausende lang der Plöckenpaß oder die Villacher Pforte, bevor die Gebirgszüge Trennlinien wurden, »wo man mit Blut die Grenze schrieb«.

Pflock für Pflock fertiggestellt wird der Stacheldrahtverhau, der eine mehrsprachige weltläufige Kultur in eine Minderheit und eine selbstbezogene, ein verludertes kärntnerdeutsches Dialektderivat bellende Mehrheit spaltet, erst mitten im Boom nach dem Wiederaufbau. Als ich 1962 aus einer US-Kleinstadt zurückkomme, atme ich in Klagenfurt noch auf. Dann werden Zeichen gesetzt und Zeichen deutlich: die Landeshistoriker beginnen, sich gegen die von draußen (gemeint ist Wien, später auch die junge Klagenfurter Universität) zu verteidigen; das Landesarchiv wird zu einer Festung, die sich nicht einmal allen ausgewiesenen Historikern öffnet; der nicht nur für Kärnten, sondern für die Monarchie und Österreich so wichtige jahrhundertealte Verlag Ferdinand Kleinmayr schließt in Klagenfurt seine Pforten; eine jüngere Journalistengeneration zeigt sich urangstanfälliger als die alten Redakteure und Redakteurinnen, die aus der Nazizeit belastet und deshalb nach dem Krieg mit Berufsverbot und Demokratielerngebot durch die Briten belegt waren; Politiker gewinnen Stimmen mit dem Eingeständnis, daß sie hochgradige Hitlerjungs waren; kein vergleichbarer Verlag zu Kleinmayr wächst nach (schlimm für die Urängstler: der alte slowenische »Hermagoras«-Verlag geht nicht ein, ja, die Palette der slowenischkärntner Verlage wird um kirchenferne und kritische erweitert!); keine vergleichbare Literaturzeitschrift folgt Hubert Fabian K.s genialischen »Eröffnungen«; »der bogen«, von Hans L. gegründet und von Heinz P. fortgeführt, und »mladje«, das anspruchsvolle Projekt aus der Feder der slowenischschreibenden Literaten aus dem Tanzenberger Gymnasium, halten sich zwar über Jahrzehnte, leiden aber zunehmend unter Atemnot der junggrenzklimabedingten Echolosigkeit.

Die neue Farbe tüncht den See
Die Nächte nehmen Wärme an
Das Morden in der Welt hält an
Im Nahen Deiner Schritte
Für einen Herzschlag
Meiner Sehnsucht lang

In diesem Trug ist Trost
Es ist die Mauer, die Du baust
Sie dämpft – für Augenbicke
einer Ewigkeit –
das harte Sehn

Schon trägt das Blau
Die Farbe meines Seins
Schon faßt sich meine
Seele südlich an
Schon birgt der Berge Schatten
Einen hellen Ton

Es keimt das Wiedersehen

Hab ich ihn erfunden, diesen Fluß, an dem die Mutter geboren wurde, und die Seen, an deren einem meine Kindheit war? Das schönste aller Länder, das ich als Erinnerung nach innen zieh? Mein Glück ist nicht wunschlos. Ich trag *die Zeit als eine*

Eiszeit ein, weil ich *die Hunde mit den heißen Lefzen,* verankert wie ich bin, nicht meiden kann. Die »Urangst« überschattet die eigene Familie.

Der Mann ihrer verstorbenen Tante, Hermann K., der schon früher in Rundbriefen an die Geschwister und auch an andere, etwa an der Uni, vor ihren Verfehlungen gewarnt hat, wendet sich diesmal in einem Weihnachtsbrief an ihre Mutter. Es heißt da: »Edith, die sich wohl ganz als große Emanze vorkommt, wenn sie sich für ihre slowenischen Brüder einsetzt – wir sind alle Brüder, lautet die Devise –«, und: »Das Zweisprachenproblem in meiner Heimat ist definitiv für immer gelöst, auf denkbar einfachste Weise: bis 1945 sind alle Inschriften auf den Grabsteinen deutsch, ab 1945 alle slowenisch.« Nur noch mit vier Verwandten in der Gottschee könne er Deutsch sprechen. Sie hat deutschsprachige Verwandte in Südtirol, die ihren Familiennamen selber ins Italienische übersetzt haben. Der Großvater und die Mutter erhalten jede Dokumentenabschrift aus der Stadt an dem einen Fluß in slowenischer Sprache. Aber das meint Hermann K. nicht.
Dem Brief liegt eine Ablichte bei, die in zwei Diagrammen über den »Verlauf der

Geburtszahlen deutscher Staatsbürgerschaft« eine »Todesspirale für das deutsche Volk« darstellt. Das Absinken auf »eine gerade noch nennenswerte Minderheit« wird für das Jahr 2090 vorhergesagt.

Der Brief, den mir meine Mutter aufgeregt – das zu Weihnachten! sie will ihn nicht mehr sehen! – übergibt, hat zwei tragikomische Aspekte: Demographen sind der Meinung, daß bei anhaltendem Trend die slowenische Sprache in Kärnten, und nicht die deutsche Sprache in den beiden Deutschlands, gefährdet ist; weder dem Absender noch der Adressatin fällt auf, daß dieser Brief von einem aus der Gottschee in Slowenien stammenden Deutschen an eine bis zum Germanistikstudium (Josef N., bei dem die Mutter an der Wiener Uni dissertiert, empfiehlt sie ihren Mitseminaristen wegen ihres dialektfreien Deutsch zur Nachahmung) eingedeutschte Slowenin aus Kärnten geschrieben wurde.

Im übrigen zeigt der Brief ein weiteres Argument der Urängstler: Da das Deutsche anderswo nach 1945 gelöscht wurde, darf das Slowenische in Kärnten nicht gefördert werden. Folgerichtig wird sieben Jahre später, 1994, vor der neuen zweisprachigen öffentlichen Volkschule in Klagenfurt eine Bombe deponiert.

Auf solche Ereignisse sind die baubinischen Zwerge – die Schwestern läßt Hermann K. ja aus – landesvertraut vorbereitet. Kein Geröll rutscht in die Moräne zurück. Meine Schwestern im Zwergenclan sind aus Deutschland zugewandert, aus Österreich zugewandert, unter den Kärntnerinnen ist eine verankert auf die Weise wie ich. Der Fall ist: Diese, slowenischsprachig, mit mir Deutsch sprechend, weiß nicht nur über Geröllräumung, sondern auch über Erichlandia Bescheid. Und obendrein sieht sie aus, wie ich mir – in den Momenten, in denen mein Heimatgefühl von der Landschaft auf die Menschen überspringt – eine Illyrerin, eine Urkärntnerin vorstelle. Ihr Aussehen bestätigt mir, aber das nur nebenbei, die Kategorisierung der Schädelvermessung meiner Mutter als »illyrisch«. Allerdings halten die katholischen Schädelvermesser an der Wiener Uni der dreißiger Jahre und die Historiker von heute nichts davon, daß die Illyrer die Vorfahren der Slowenen waren (ach, die hellsten Sachen liegen im Schatten: Gallizien im Baskenland, in Polen und in Kärnten; Venedig an der Adria, der Großvenediger in den Hohen Tauern, Klein Venedig am Thoner Wald in Kärnten).

Spuren der Vorarbeit für die abrupte kulturelle und intellektuelle Einengung Kärntens finden sich nicht nur in unserem

Jahrhundert mit seinem »Urangst«-Agglomerat. Die Habsburger hatten immer mehr Interesse an ihrem jungen Österreich als am alten Kärnten. (Das ist der Kern im Vorurteil der Kärntner gegen Wien; auch ich mag die Habsburger nicht: Noch immer höre ich am Schreibtisch sitzend das Radio aus dem Domherrenhaus und die Schritte aus dem Rathaus, weil die mächtigen Trennwände zwischen den drei Renaissancepalais – in einem von diesen, vermutlich in dem, in dem ich mich hauptwohnsitzlich umtue, hatte Herbert B. einmal sein Atelier – für einen der seltenen Habsburgerbesuche in Klagenfurt durchgebrochen worden sind).

Die Gegenreformation erstickte nicht nur reges Geistesleben im Lande, sondern ruinierte es auch, weil viele Adelsfamilien und Kapital abwanderten (eine Ausnahme sind die Khevenhüller; sie verhalten sich, wie es für diesen Raum früher charakteristisch war: nicht Not und Tod wurden gewählt, um frei zu bleiben; ein Teil des Geschlechtes bleibt evangelisch und geht ins Herkunftsland zurück; ein Teil konvertiert, um in Kärnten zu bleiben, zum Katholizismus). Damals erst wird der Edelmetallbergbau, der dem Raum neben Salz, Eisen und anderem Abbau jahrtausendelang Verhandlungsmacht gab, eingestellt. Der Fleckerlteppich von Herrschaften, darunter großer Besitz von Bistümern bis hinauf nach Bamberg, half auch nicht.

Wollt ihr nicht böhmisch sein, Illyrer, Veroneser und Venezianer alle heißt es in »Böhmen liegt am Meer«. Na klar, folgert Erich F., das bezieht sich auf die Komödien von William Sh., und auf Ingeborg Bachmanns neue Heimat Italien. Natürlich hat der Spezialist mit der offenkundigen William-Sh.-Wurzel des Gedichtes recht. Die Dichterin lebt aber nicht in Verona oder Venedig, sie lebt in Rom. Sie spielt nicht auf ihre neue Heimat an, sondern auf ihr und mein Land der Herkunft: Die Aufzählung Illyrer, Veroneser, Venezianer umreißt in geographischer und zeitlicher Ausdehnung den Raum, der auf das kleine heutige Kärnten heraufwirkt. Es ist ein Raum, der, seit es Tausch und Handel gibt, nord-süd-orientiert ist und von den Straßen über die Pässe und durch die Pforten geöffnet wird. Einer dieser Handelswege war die Bernsteinstraße. (Und das interessierte die Habsburger an Kärnten: sichere Wege zum Mittelmeer.) Nicht »laut tosend längs der Berge Rand«, wie landeshymnisch eine Ost-West-Orientierung betont wird, sondern im Süden, am Meer, »beginnt mein teures Heimatland« – seit den Venetern mit Inschriften an den Felsen der Paßstraßen belegt.

Es gibt in diesem Raum eine »Ur«-Eigenschaft, sie ist das Gegenteil von »Urangst«

und mag die Ursache des – trotz der neuen Atemnot noch immer großen – schöpferischen Potentials des Landes sein: Mag die Silbe »car« in Kärnten und Karantanien, in Kar oder Karnische Alpen, »Freund« oder »Stein« bedeuten, die Stärke der hier siedelnden Völker war es immer, eben nicht mit Blut die Grenze zu schreiben, sondern freundschaftlich die steinigen Nord-Süd-Wege offen zu halten. Schließlich sollten das hiesige Salz, Gold, Silber, Blei, Zink, Kupfer und der »norische Stahl« zwischen Ostsee und Mittelmeer gehandelt werden.

An den Straßen wurde nicht abgeschottet, sondern Neues aufgenommen, wenn es nützlich oder einfach modisch war. Die Grabbeigaben aus allen Epochen erzählen davon. Noch heute kann man an der Frauentracht im Gailtal, das vom Süden her über den Plöckenpaß erreicht wird, nicht nur verschiedene bodenständige, sondern Einflüsse auch Süditaliens ablesen. Und die slowenischen und deutschen Dialekte mit ihrer gegenseitigen Durchdringung (in Kärnten tschentscht man, wenn man nörgelt, man tscherfelt, wenn man schlapft), mit romanischen, gotischen und anderen Resten erzählen wie die einheimischen Sagen und Legenden die Geschichte der Offenheit dieses Raumes.

Pässe trennten nicht, sie verbanden. Der

Raum, dessen Zentrum sie sind, ist eine alpine Version des weltoffenen Holland. So wie Amsterdam den Handel anzog, bündelten die hiesigen Paßstraßen internationale Buntheit. Noch im Mittelalter war der Plökkenpaß, das gesamte Bergmassiv, eine Verwaltungseinheit. Der Name meines Geburtsortes, Mauthen, erinnert daran: Maut, Zoll, Wegegelder wurden im Tal eingehoben.

Hier wurde Heimat nicht erstritten, wie es die Landeshymne als Motto über die Geschichte legt. Hier wurde verhandelt, wurden Bündnispartner gesucht, wenn eine Übermacht zu groß war. Zu groß, wie beim Awarensturm für Karantanien, das ehemalige Noricum mediterraneum, das sich im Gegensatz zu Noricum ripense (an der Donau) hielt, und sich mit geringem Aufwand mit den jeweiligen Nachfolgern Roms arrangierte, so etwa mit regionalen Tributzahlungen an die Langobarden in Cividale. Gegen die Awaren erbat sich Karantanien Schutz vor den Bajuwaren. Das ist der Beginn der Eindeutschung des Raumes, in dem der Zusatz »Windisch-« bei Ortsnamen (noch heute heißt man die Slowenischsprachigen in Kärnten »die Windischen«) bis in die Schweiz und bis nach Bayern hinein zu finden ist.

Illyrer, Veroneser, Venezianer. Die Völker dieses Raumes ließen sich vom unersättlichen Rom nicht überrennen, sondern schlossen – die Gier nach dem norischen Stahl richtig einschätzend – Verträge. Sogar einen Umsiedlungsvertrag gibt es (in der Gegenrefomation hatte man noch die Wahl zu gehen oder katholisch zu werden, erst unter Hitler wurde zwangsausgesiedelt). Und dann ging ein Freundschaftsvertrag der Eingliederung ins Reich voraus. Die Völker hier stehen nicht wie ihre Nachbarn im römischen Katalog der Unterworfenen. Die Verwaltung in Noricum unterscheidet sich in entscheidenden Punkten (so gab es keine Latifundien!) von der der unterworfenen Völker.

Während in Rom die domina nur noch die erste Sache im Hausstand des dominus ist, und die Etrusker mit ihren gleichrangigen Frauen schon von Rom verschluckt sind, lassen sich in Noricum mediterraneum wohlhabende einheimische Paare in Zweifaltigkeit in Stein meißeln. Mögen die Paare nach römischer Mode gekleidet sein, mögen ihre Namen der Zeit entsprechend latinisiert sein, aus diesen Steinmedaillons blicken Mann und Frau gleichen Rechts in die Zukunft. Ja, manchmal legt die Frau in stolzer Schutzgeste die Hand auf die Schulter des Mannes.

Ich habe die Urkunden gefunden. *Das ganze Land, so grenzenlos und so geliebt*, ist mein! Doppelköpfig jetzt, schleudere ich die Steine der Moräne.

Pegasus lacht

Nicht reiten ihn,
er ist des Dichtermannes Roß!
Jedoch im Turmgemach
den heißen Atem spüren.

Das Wiehern hören,
wenn von der eignen Worte Hand
die Mähne fällt –

Rapunzel frei.

Ich trete vor die Höhle. Einige inquisitive Landsleute scheren mich für die Sonnwendfeier kahl. Den Hut setzte ich auf, den mit der Schneehuhnfeder. Am Waldrand vor dem Wirtshaus sammelt sich Festlichkeit. Ich hauche in das Wasser. *Am Halm erscheint der schöne Seifenglanz.* Jeder Sphäre schreibe ich eine These ein:
»Da die Kunst als List der Kern weiblicher Prokreation ist,«
»Da der Bürgerkrieg im ehemaligen Jugoslawien eine vortreffliche Allegorie auf das System des ›Tractatus logico-philosophicus‹ ist,«
»Da Gabriele d'A.s Besetzung von Fiume und seine Flugblätter auf Wien eine würdige Metapher für das wiederhergestellte Kärnten – Verona, Venedig und Triest eingeschlossen – sind, gilt«:

»Als Landeshymne zu vertonen ist das Gedicht ›Von einem Land, einem Fluß und den Seen‹, wobei alle 71 Strophen in den Landessprachen – unter anderen Slowenisch, Ladinisch, Italienisch, Furlanisch, Deutsch – zu singen sind.«

»Als Kurzfassung für kasuistisch aufzuzählende Fälle darf der Leitfaden zur Interpretation der Landesverfassung, das Gedicht ›Böhmen liegt am Meer‹, verwendet werden, dessen zehn Strophen – gesprochen – den zehn Abschnitten der Landeshymne vorangehen, beziehungsweise diese voneinander trennen.«

»Weil die Verfassung Einstimmigkeit der Beschlüsse vorsieht, ist bei den Parlamentsregeln auf entsprechend mehr Redezeit für Anliegen von Minderheiten jeder Art zu achten.«

»Die Anhebung des Bildungsniveaus der Männer, sowie deren Einschulung in das verfassungsgemäße legistische und administrative Regelgefüge, sind vom Unterrichtsministerium besonders zu fördern.«

»Die Entscheidung, ob Männer, die sich um das Ausrichten der jährlichen Gründungsfeierlichkeiten verdient gemacht haben, auch hinsichtlich der letzten, in der Praxis noch nicht erfüllten, Schwesternrechte – als da sind: in den Berufsgrenzschutz einzutreten, den Feuerwehrfrauen schwesterlich zur Seite zu stehen, die Landeshymne mitzusingen und bei Genehmigung der Kindesmutter als Väter genannt zu werden – gleich behandelt werden sollen, bedarf der einstimmigen Zustimmung aller Ortsversammlungen.«

Der Zunder brennt, das Feuer wühlt im Laub. Der Holzstoß flammt. Die Seifenblasen tanzen die Feuerempore zu den Sternen und platzen. Ein Jäger wird meiner verwehenden Asche gedenken. Er bedient sich einer Rede, die der Dichter Thomas M. 1929 gehalten hat:

»Wir haben es zur inferioren Lust aller Feindinnen des männlichen Lichts, aller Priesterinnen des dynamistischen Orgasmus im Irrationalen schon so weit gebracht, daß der natürliche Rückschlag bösartig-lebensgefährlich auszusehen begann, und nachgerade ein Rückschlag gegen den Rückschlag nötig schien, um das chthonische Gelichter, das allzuviel Wasser auf seine Mühlen bekommen hatte, in sein mutterrechtliches Dunkel zurückzuscheuchen.«

Und Kärnten kann wieder das sein,
was die Landeshistoriker bewundern:
Eine der geschlossensten Einheiten
Mitteleuropas.

Edith Darnhofer-Demár, geb. 1945 in Mauthen (Kärnten). Schulen und Studium der Staatswissenschaften in Klagenfurt, den USA und Wien; lebt nach längerer Tätigkeit als Kultur- und Wissenschafts-journalistin seit 1983 als freie Autorin und Lyrikerin in Klagenfurt/Celovec und Wien. Literarische Veröffentlichungen in Zeitschriften und Anthologien. »First Land« ist die erste selbständige Buchpublikation der Autorin.